中公文庫

中空構造日本の深層

増補新版

河 合 隼 雄

中央公論新社

目次

中空構造日本の深層

増補新版

I

神話的知の復権

不安の時代

現代は不安の時代であると言われる。先頃〔一九七九年三月〕生じたアメリカのスリーマイル島原子力発電所の事故は、それを象徴的に示していると思われる。高度に発達した技術と、予測し難い災害に対する不安とが、そこに共存している事実は、現代の姿を如実に反映している。不安の特徴はそれが漠然としたものであることと、対象が不明確であることである。対象が明確な場合は、われわれはそれを恐怖と呼び、不安と区別している。スリーマイル島の事故においても、その原因が明確にされず、次にどのような災害になるやも知れないという事実が、人々の不安をかきたてるのである。

不安はこのような性質のものであるため、何か明確な対象に対する恐怖へとすりかえられることがある。それが、われわれ臨床家のよく知っている恐怖症の症状である。

最近、子どもの自殺の問題がジャーナリズムによってよく取りあげられた。これに刺戟されて、多くの教師や親から子どもの自殺についての意見を求められたが、そこには、自分の子がひょっとして自殺するのではないかという危惧が存在しているのが感じとられた。まさかそんなことはないと思いつつも、ひょっとしてという不安が生じてくる。

実のところ、子どもの自殺がわが国で最も多かったのは昭和三十三年頃なのであるが、ジャーナリズムはそれをほとんど問題にしなかった。当時に比べると今の子どもの自殺は統計的に相当少ないのだが、これが大きい問題となるのは、親たちの抱いている漠然とした不安感にそれが呼応する現象であるためであろう。

おそらく、ジャーナリストの直観がそのあたりを感じとって、子どもの自殺が急増したような記事をかくことになったと思われる。つまり、それは説明し難い不安の存在という内的真実をキャッチし、それを子どもの自殺という外的事実に投影したわけであり、そのためにこそ、多くの大人どもの心を打ったわけである。問題は子どもの自殺よりもむしろ、その記事に右往左往する大人の不安の存在なのである。

家庭内で暴力をふるう息子をたまりかねて父親が殺してしまうという悲劇的な事件があった。この事件を詳細にルポした本多勝一氏と高校生との対談[1]の中で、あのような事件は「特殊」なのか、「珍しくない」のかという同氏の問いかけに対して、ある高校生が、「特殊な例が珍しくない」のではないかと答えるところがある。本多氏は「名言だな」と応対しているが、確かにうまい表現だと思う。

その後、類似の事件が二、三、発生したものの、やはり発生頻度から言って「特殊」と言うことになろうが、自分の身近なところで似たようなことが起りそうだという不安に照らし合わせると、それは「珍しくない」と言うことになってくる。それはわれわれの現在の内的状況と密接な関連をもっているのである。

現在の不安は分裂病〔現在の統合失調症〕的なものであることも、よく言われるところである。ヒステリー性の、心の中の横の断絶による――抑圧という幾制による――不安ではなく、いわば縦に走った亀裂による深い不安なのである。その亀裂は無意識の奥深いところから、自我意識の頂点にまで達し、常に自我崩壊の危険を感じさせる。このような強烈な不安が、どうして現代人に迫ってくるのであろうか。それは結論を先取りして述べるならば、われわれの自我の支柱となる知が、極めて不均衡な状態であるためと思われる。スリーマイル島の事故が象徴的に示しているように、科学の知があまりにも肥大独善化し、それが少しの破綻をきたしたときでも、それを修復安定せしめるような、人間存在全体にわたる知による復元力を失っていると思われるのである。

科学の知はわれわれ人間をも対象として研究することができる。人間の部分を対象化することにより、そこに厳密な科学的な手続きを経た結果が得られ、科学の知が集積される。しかし、全体的人間存在の把握を目指そうとするとき、把握しようとするもの自身が人間存在そのものであるというジレンマによって、そこには厳密さが欠け、ある種の曖昧さが伴ってくる。しかし、科学の知も、このような全体的な知とうまくからみ合ってこそ、個々の人間が真に「生きる」ことにつながってくるのではないだろうか。

科学の知が専制を誇るとき、人間は極めて能率よく進歩と繁栄を目指して「生かされ」ながら、同時に「生きる」ことに関する強い不安を感じざるを得ないと思われる。

現代人の不安をまざまざと描いたものとして、最近に出版されたマーク・ヴォネガットの『エデン特急』がある。ベストセラー作家を父に持つ、このアメリカの若者は現代文明を忌避してヒッピーの楽園を打ちたてようとし、そこで精神分裂病に陥ってしまう。本書の内容は特に紹介しないが、そこには、ヒッピー体験と精神病体験、それに青年期特有の混乱とアメリカの文化状況が織りまぜて語られ、われわれはどこまでが正気で、どこまでは狂気かも解らないまま、「現代の不安」を共に体験させられるのである。

ところで、本書の特徴はもうひとつある。狂気の世界を医学的な治療によって脱出した著者は、自分の狂気を脳の生化学的変化に由来したものと結論し、その研究のため真面目な医学部の学生となるのである。現代文明をあれほどうとましく思ったヒッピーは、一転して科学の知による救済を志向することになった。まさに「特急」である。

現代の若者の「特急」ぶりには呆れもするが解る気もするのである。つまり、それほどまでに、科学の知は現代人の支柱となっているのだ。

ふりかえってみると、人間に内在する不安が神経症の原因であることを究明しようとした深層心理学も、最初は、それを科学の知として存在意義を主張しようとしたのである。われわれはここでしばらく、そのような過去の歴史をたどってみることにしよう。

科学としての精神分析

十九世紀もまさに終ろうとする頃に、フロイトによる精神分析学の萌芽が生じてくる。近代の自然科学は、既に当時において圧倒的な力を見せていたので、卑見ではその後において自然科学の知を補償する役割を荷うものと思われる深層心理学も、「科学」としての衣装をつけて世に出なくてはならなかったのである。フロイトが「無意識」の存在を主張するとき、それは意識の世界を超えた心全体を問題とするものであり、彼の学はクンツがいみじくも指摘しているとおり、[2]「全体的な人間存在」の把握を目指すものとして、「隠れた人間学」的様相を必然的にもっていたのである。

フロイトは人間の無意識に注目し、そこは本能的な欲求に満ちていると考え、そのような原始的なかたまりに対して、ゲオルグ・グローデックの考えに基づいて「エス」と名づけたのである。

グローデックは『エス』という本を書いているが、その中で、人間の心臓病、腎臓病などの器質的な疾患を分析し、それらはすべて「エス」のなせるわざであり、その個人の意志や人生にかかわりなく生じてくると考えるのである。

個人の病気や死など、すべては「エス」が決めるという考えは、あまりにも極端と思えるが、フロイトはこれを受けて次のように言っている。「われわれがわれわれの自我と呼ぶものは、生のなかでは本質的に受動的な態度をとっている。グローデックの表現によれば、われわれは未知の、支配しえない諸力によって『生か』されているのである」。このような存在である「エス」を探求する精神分析が、自我に対立するものであることは容易に推察される。そして、当時の自我意識の支柱であった自然科学の知に対立するものが、そこから引き出されてくる運命にあることは明らかである。しかしながら、フロイトはそのような道に従わなかった。

フロイトは、自分の創始した精神分析学が一般に認められるものとなることを願った。そのためのひとつとして、それが「科学」であることを主張しようとした。そして一方では、彼の仕事がユダヤ人たちの物好きな集まりによるものでないことを示すことを願い、ユングが彼のグループに加入したことを歓迎したのであった。

ユングはユダヤ人ではないし、当時チューリッヒ大学において助手を務め、大学人としての将来を嘱望されていたのであった。フロイトは以前からのユダヤ人の弟子たちの抵抗を押しのけてまで、ユングを彼の後継者にしようとしたが、彼の志と違ってユングが科学としての深層心理学に対する疑問を提出することになるのは、皮肉なことである。

ユングの考えについては次に述べることにして、もう少しフロイトの考えを追ってゆくことにしよう。フロイトは、よく知られているように、自分の精神分析学上の発見を、コペルニクス、ダーウィンのそれと類比している。つまり、彼の考えが世に受けいれられないのは、「人間の自己愛に対する重大な侮辱」を意味しているからであると考える。まず、コペルニクスは、地球が宇宙の中心に位置しているという人間の信仰を破壊し、従って人間がこの世界の中心に存在する主人であるという自負を破壊した。続いてダーウィンは人間が動物以外の何ものでもないことを明らかにすることによって、人間のみが他の生物と異なるという考えを破壊してしまった。これに加えて、フロイトは先に「エス」について彼の意見を紹介したように、人間は実のところ「エス」によって生かされているのであって、自分自身の主人公でさえもあり得ないと主張したのである。これら三人の天才の力によって、人間は自分を世界の中心におく世界観をまったく打ち壊されてしまったのである。

フロイトはこのようにして、人間の自己愛的な幻想を破壊したが、そこで、彼が中心に据えたものは「科学の知」であった。無意識の力をあれほどまでに認めつつも、彼が意図したことは、それを理性によって分析しつくすことであった。コペルニクスにしろ、ダーウィンにしろ、彼らのなしたことは、それまでに存在した非合理な世界観に対する、科学の知の勝利であり、フロイトもその系列に従ったのである。彼は精神分析を科学として印象づけるために大きな努力を払い、たとえば、分析家が患者に対するときも、「客観的」な態度を保つことを厳しく主張し、「人間的」な接触をすることを極端に禁じたのであった。もっとも、彼自身は患者に対して、時には、患者に食事を与えたり、無料で治療をしたり、相当「人間的」な接触をしていたことが、今では明らかになっている（現在ではこのようなフロイトの治療者としての在り方には好感をもつ人も多いであろう）。

しかし、フロイトは自分の行為とは逆に、「科学的」な治療態度を精神分析のたてまえとしたのである。このような彼の努力に示されているように、今世紀になって、人間はそれまで頼りとしていた多くの世界観を自ら破壊しながらも、「科学」という強力な武器を中心にもつ限り、われわれの世界はますます発展してゆくものと思ったのである。そして、精神分析学も科学の装いをつけたまま、新世界のアメリカにおいて受けいれられ、驚異的な発展を遂げたのである。

中心の喪失

科学を中心に据えて現代の文明はますます発展するかと思われたが、ごく最近になって、われわれはそれに対する疑問を感じはじめたのである。科学の知の肥大化によってもたらされた自然破壊の恐ろしさに気づき、人々は科学を中心におくことの非を悟りつつある。気の早い人は、科学の代りに中心に据えるものとして、「東洋の知」や「オカルトの知」にとびついたり、懐古的な中心探しをこころみたりしている。自然科学という中心を失ったのみではなく、その他のものを中心と考えていた人も、最近、強い中心喪失感を味わっているのではないだろうか。

このような感じは、あらゆるイデオロギーや思想に対しても拡大され、思想というものに対する冷笑的虚無主義が、現在では強くなっていると感じられる。

ヨーロッパに発展した近代科学が全世界を制覇し、「後進国」はヨーロッパに追いつき追いこせと努力してきたのであるが、その欧米中心主義が現在崩壊しつつあるのである。多くの欧米の若者たちがインドの聖者のもとに集まったり、日本の禅に対する関心が異常に高まったりしていることを、われわれは知っている。

ところで、フロイトと共に精神分析運動に参加し、彼に後継者となることを望まれながら離別していったユングが、一九二〇年頃に、早くも欧米中心の考えに鋭い警告を発しているのは、興味深いことである。

ユングは一九二〇年に北アフリカに旅行し、「ヨーロッパを外から眺める」ことができた。彼はそこの人々の時間体験が、時計に縛られているヨーロッパ人と異なっていることに気づいた。おのれの生命のリズムによって悠々と生きている人を見て、彼はヨーロッパ人に批判的な目を向けた。彼は「時間とその同義語である進歩がヨーロッパ人に忍びよって、ヨーロッパ人から取返すことのできないものを奪い去った」[3]と考える。

「軽くした荷物をもって、ヨーロッパ人はますます加速度を早めながらはっきりしない目標へ向って彷徨の旅を続けている。重心の喪失と、それに相応して生じた不完全感をヨーロッパ人は、たとえば蒸気船、鉄道、飛行機、ロケットのような、彼らの勝利の幻想によって補った」と彼は述べている。

現在ならこのような言葉も相当な一般性をもつが、一九二〇年頃には、ユングの言葉に耳を貸そうとする人があまりいなかったのも、むしろ当然のことであろう。自らヨーロッパ人として「重心の喪失と、それに相応して生じた不完全感」に苦しめられ、分裂病と見まがうほどの体験をしつつ、ユングが自らの内界の中に探し求めようとしたことは、「お前の神話は何か――お前がその中に生きている神話は何なのか」と言うことであった。

われわれはここで、科学の知に対する神話の知について少し考えて見なければならない。中村雄二郎氏は『哲学の現在』において、「神話の知の基礎にあるのは、私たちをとりまく物事とそれから構成されている世界とを宇宙論的に濃密な意味をもったものとしてとらえたい根源的な欲求」であると述べ、これに対して、「科学の知は、その方向を歩めば歩むほど対象もそれ自身も細分化していって、対象と私たちとを有機的に結びつけるイメージ的な全体性が対象から失われ、したがって、対象への働きかけもいきおい部分的なものにならざるをえない」と指摘している。

ここに言う神話の知とは、神話に関する知識を言っているのではない。神話学者のケレーニィは、「『神話の人間学的発言』とは冗語である。神話の発言が人間学的であるのは、――理論的に見れば――当然だからである」とさえ強言しているが、その論文の中で述べている彼の言葉を少し長くなるが引用してみよう。

「これまでの〔神話の〕研究は、素材の発言を吟味するのではなく、素材そのものの探索を目的としてきたからである。しかし人間学的発言としての回答は、対象知――その具体化こそ知識という素材の上に達成された学問である――からではなく、知る者と知られた物とが一体であるような知識からのみ期待される。対象知と比較しうる自分自身に関する知識がすでに、人間のおのれ自身との距離、つまり何よりも哲学に固有のものたる反省を前提としているのであれば、残されているのは、真理へのゆるぎない自負ときわめて重要な結論とをもって人間に関してなされた神話の人間学的発言を、特殊な自己知に還元すること以外にない。このような自己知こそ、いかなる科学においてでもなく、ましてやいかなる哲学においてでもなく、まさに神話体系において実現されたものなのである。[4]」

このような神話の知に関する認識を踏まえて、前節に述べたことを考え直してみよう。人間が地球を世界の中心と考えること、人間を他の動物と画然と区別される存在であると考えること、これらはむしろ神話の知と考えるべきである。しかし問題は、人間は内的な神話の知を外的な事物を通じて語らねばならないことである。このため、古代人にとって神話の知はしばしば対象に関する知、すなわち科学の知として誤認される。十七世紀になって近代科学が台頭してくるまでは、神話の知は科学の知と未分化なままで、人間を支えていたというべきであろう。

ところで、コペルニクスやダーウィンたちは、神話の知が科学の知としての地位を保つことに対する誤りを指摘したのであったが、現在においては、科学の知の凄さに心を奪われた人々は、それによって神話の知そのものさえ否定しようとした。あるいは、古代とは逆に、科学の知を神話の知と誤認するものさえ生じ、それのみを中心におこうとする誤りを犯してきたのである。

科学の知が肥大化し、自分という存在を、それらをとりまく世界の中で「宇宙論的に濃密な意味をもったものとしてとらえ」られなくなった人は、トータルな人間存在としての在り様を問う警告として、神経症という症状を病むことになる。ユングはこのような現代の病いに対する治療者として、症状の除去を「科学的」に研究するよりは、その個人としての神話の知の発見に努めることが、より本質的であると感じたのである。

このような仕事をなし遂げてゆくために、われわれ治療者は相手を「対象」としてみるのではなく、知るものと知られるものとが一体となる関係を通じて得られる知の獲得に努力しなくてはならない。このような事情のために、トータルな人間存在にかかわる神話の知を重視しようとする動きが、深層心理学や精神医学の発展の系列の中に生じることになったのである。そうして、存命中はあまり一般性をもたなかったユングが、一九七〇年代になって急激に多くの人の関心を惹きつけることになったわけである。

統合と均衡

科学の知によっておとしめられていた神話の知の復権をはかるにあたって、ユングはヨーロッパにおいて絶対的な力を誇っていた神話としてのキリスト教の再検討を行った。と言うよりは、彼自身をも含めて彼の患者たちの無意識界から産出されてくる内容は、正統キリスト教の知を補償するようなものであることを認めざるを得なかったのである。ここで、無意識に対するフロイトとユングの態度の差について述べておかねばならない。フロイトは人間の自我が「エス」によって動かされていることを認めると共に、その衝動のかたまりとしての「エス」を自我の理性によって、いかに分析しコントロールするかを考えた。従って無意識は分析しつくされるべきネガティブなものとされたのである。

それに対して、ユングはむしろ無意識に存在する創造的な可能性に注目し、それは——特に彼の言う普遍的無意識を問題とするならば——決して意識化しつくせない無限の可能性をもつものであった。無意識は意識の一面性を常に補償するはたらきをもち、それを自我に統合してゆくことが、彼の言う個性化の過程であった。

無意識の創造性を受けいれるとき、ユングがヨーロッパ人の無意識界に見出したものは、一言にして言うなれば、父なる神を天に頂く彼らの意識を補償しようとする、母なるもののはたらきであった。彼はこのような観点に立ってヨーロッパの精神史を見直し、正統キリスト教の男性原理の優位性を補うものとして、グノーシスより錬金術に至る、ヨーロッパ精神の底層に存在する女性原理の流れを見出したのであった。

このことは、科学についても言うことができた。ユングは近代科学のアキレス腱である「偶然」に着目した。このことも実のところ、彼の臨床体験の中で問題とせざるを得ない現象であったのである。つまり、われわれも心理療法を行っていると割に経験することがあるが、因果的連関としては説明不明な「意味のある偶然の一致」の現象に、あまりにも多く遭遇するのである。夢と現実が一致したり、偶然の事故が患者の治癒に大きく役立ったりする。

ユングはこのような事象は因果律によって把握し得ないと考え、そこに共時性(synchronicity)の原理をたてることを提唱した。これは、発表当時は多くの誤解と非難を巻き起した理論であるが、しだいに注目する人も増加してきている。これは事象の継時的な観察によって、そこに因果的連関を見出そうとする方法に対して、事象を全体として共時的に把握し、そこに意味による連関を見出そうとする方法である。これは全体の「相」を読みとることであり、易経《えききょう》などに示されているように東洋には洗練された知が伝わっているのである。

先に述べた神話の知における女性原理などは、西洋よりも東洋において発展してきたものである。ユングはこのような点について、東洋の知によって教えられるところが多くあったことを認めているし、東洋に対する尊敬の念を、ほとんどのヨーロッパ人が自分たちの文化を中心的なものと確信していた時代において、既にもっていたのである。

ただ、ユングの特徴は現在の一部の人たちのように、西洋の代りに東洋を、科学の知の代りに神話の知を中心に据えようとしたりはしないことである。彼はむしろ、今まで明らかにしてきたような種々の対極性を認め、それらの間の均衡をこそ大切とするのである。一見対立するかのように見える二つのものが、むしろ相補的にはたらいて均衡を保ち、そこにひとつの全体性が存在することをよしとしたのである。対立する極のどちらかを中心として、固い統合を目指すときは、他の極に属するものを排除してゆかねばならない。そういう対極を排除して出来た統合は、平板でもろいものであることを彼は強調するのである。

西洋のように一神教を信ずるところでは、多神教に比して、「統合」に対する欲求が強いのは当然のことである。しかしながら、神話の知が中心となっているときは、絶対者を背景にもつ統合の厳しさの反面、神話の知のもつ特有の曖昧さの故に、そこには相反するものを共存させる余裕をもっていた。しかし、このような一神教的統合性の希求と、近代科学の合理性とが結びついたとき、その統合は極めて一面的な性格をもつことになった。既に紹介してきたように、科学の知は神の絶対的専制から人間を解き放ち、自由を増大させたかのように思われたが、その科学の知が無意識的に神話の知の地位を獲得すると、人間の自由を極端に縛るものとなった。

人間の「管理」する社会は、神が統治する国よりも、人間の魂の自由を許さないのである。中世の暗黒時代と言われる時期に生きた人々と、現代人とはたしてどちらが多くの自由さをもっているか、もう一度、真剣に検討してもいいのではなかろうか。神はその領地の中に「暗黒」という、魂の自由を許す場所を含めていたが、コンピューターによる管理は、すべてを白日のもとに曝《さら》してしまうのである。

実際、十七世紀において近代科学の基礎を築いた「科学者」たちは、われわれが想像するよりはるかに暗黒な世界との濃密な関係を維持していたのである。この点については村上陽一郎氏が『近代科学と聖俗革命』でつとに指摘しているところであり、それを参照して頂きたいが、一言引用するならば、「人びとは、一七世紀の登場人物たちの主張や考え方のなかから、ある一つの様相だけをとり出し、それ以外のものをすべて捨て去った結果をもって、近代自然科学と呼んでいるのだ」ということである。今まで用いてきた表現を用いるなら、現代の人々は、十七世紀の「科学者」の有していた神話の知をまったく切り捨てて、「科学者」としての像をつくりあげているのである。とすると、現代の科学者は神話の知とまったく無縁であるのだろうか。あるいは、神話の知を否定することが現代の科学者の条件であろうか。

人間の管理する社会は、人間の魂の自由を許さない、と先に述べた。ここで魂という言葉に奇異な感じをもたれた人も多いであろう。あるいは、魂とは一体何かと思われた人もあろう。筆者がここにあえて「魂」という言葉を用いたのは、実のところ、最近読んだ、物理学者のハイゼンベルクとパウリの対話[5]が念頭にあったためである。

二人が自然における中心的秩序の存在の問題について話し合っているときに、突然、ハイゼンベルクは「魂」という言葉を使う。パウリはそこで「それなら君にとっては中心的秩序は、ある人々の魂の場合と同じような確かさで、現存し得るという意味なのだね？」と確かめた上で、どうして「魂」という用語を用いたのかと尋ねている。

これに対してハイゼンベルクは、「なぜならば〝魂〟という言葉はまさにここで、存在の中心を示している中心的秩序であるからで、それは外面に顕現するさいの形態としては非常に多種多様で、そして見通しがたいものであるかもしれないからさ」と答えている。つまり、魂という用語は現在の自然科学の先端をゆく人々にとっても、重要な用語として用いられているのである。彼らは神話の知と無縁ではない。

ハイゼンベルクの言葉から考えさせられることが二点ある。まず、筆者は先に、現在は中心を喪失し統合よりも対極による均衡を求める時代であると述べたが、これはハイゼンベルクが「魂は存在の中心的秩序を示す」と言うこととどう関連するかという問題である。これは筆者は、同じことを異なった表現によって示しているものと考える。これは、「中心は無である」と言うのも同様であろうと思う。つまり、第二点とも関連することであるが、ここに中心として据えるものは、ある種の曖昧さをもつものでなければならない。筆者は先に均衡の重要性を強調した際、均衡による全体性の存在を表現した。全体性という限り、そこに統合があるはずである。しかし、その統合は明確な中心をもった論理的整合性によって成立しているものではない。このような状態を表現するために、異なった言い回しが生じたと考えたい。

　第二の点はハイゼンベルクの言う中心的秩序としての魂が「外面に顕現するさいの形態としては非常に多種多様で、そして見通しがたい」という点である。このことは、われわれの論述の流れと関連して言うならば、神話の知を語るときに、明確に規定された概念によるよりは、多義性を許すメタファーによって語るのが適切であるということになる。これはユングの言う意味におけるシンボルの重要性と言ってもいいのだが、シンボルという語もよく誤解を生じるので、ここでは、メタファーによる世界の把握と言っておこう。科学の知を語るためには明確な「概念」を必要とするが、神話の知は、その概念化によって斥けられる言語化し難いもろもろのもの、時には反対物をさえ内包するものとしてのメタファーによって語られるのである。

メタファーは対立物を合一させ、周辺部のものを中心部へと結びつけ、思考の中に感情を盛りこむはたらきをもつ。たとえば、魂を風というメタファーによって語ろうとするとき、風ということによってのみ伝え得るもの、対象としての風のみでなく、それを肌に感じ、それによって動く草の波立ちを見て自分の心の中に立ち動くもの、それらすべてを包むものとして、風はメタファーであり得る。それは日常経験としての風を超え、言語化し難い心の動きをそこにもたらすのである。

人間がこの世に真に「生きる」ためには、個々人にふさわしいメタファーの発見と、それの解読を必要とする。ところが実状は、既に述べたような現代の管理的な社会機構によって、メタファーは全体の構成からだんだんと排除されつつある。それが現在生き残っているのは、むしろ文化の周辺部に存在する、マンガ、ＳＦ、コマーシャルなどの世界ではなかろうか。それは古文書のように、巧みに断片化され新しい表装がほどこされ、相応の商品価値をもって売り出されている。そこには可能性と潜在するエネルギーが感じられるが、これらの断片から統合された図柄を描き出すことは、なかなか困難なことであろう。

メタファーの解読は困難な仕事である。先に引用した『エデン特急』の若者は、自分の分裂病体験について、「ぼくには人の想像できないほど多くの生《なま》の資料があったので、それを整理するのに余生を全部当てても、『それはどういうことなのか』ということの表面をかろうじてひっかく程度のものだ」と述べている。

メタファーの解読は一生をかけた努力を必要とする。この点を知らず、安易にこの道に進むものは、結局「特急」に乗って、もとの地点に引き返すか、特急の下敷きになって殺されるかがおちであろう。新しい人間学、あるいは人文学をつくり出すための訓練を行う場を、われわれはもっと持つべきである。

理論物理学者の言をあまり引用できなかったが、彼らも結局はメタファーによる世界の把握を意図しつつあると思われる。ケストラーによる『偶然の本質』は、そのような物理学者の姿を垣間見せてくれるが、同書に引用されているジェームス・ジーンズの言葉の中に、「この宇宙はかつてはひとつの偉大な機械として考えられていたが、今日ではむしろひとつの偉大な思想として考えられ始めている」と言うのがある。

このように考えると、今まで、科学の知と神話の知と区別して述べてきたことも「統合」され、ユングが言うように物質と心とを一元化した「ひとつの世界」(unus mundus)の世界観が成立するかと考えられる。この点については今後の考察にまわすことにする。

(1) 本多勝一編『子供たちの復讐』上、朝日新聞社、一九七九。

(2) クンツ「フロイトの精神分析学における人間像の拡大」、ガーダマー／フォーグラー編、徳永恂他編訳『講座　現代の人間学3　文化理論と人間像』白水社、一九七九、所収。

(3) アニエラ・ヤッフェ編、河合隼雄・藤縄昭・出井淑子訳『ユング自伝2—思い出・夢・

思想』みすず書房、一九七三。以下、ユングの引用は同書による。
(4) ケレーニィ「神話の人間学的発言」、ガーダマー／フォーグラー編、前掲書所収。
(5) ハイゼンベルク、山崎和夫訳『部分と全体』みすず書房、一九七四。

『古事記』神話における中空構造

はじめに

神話には極めて多面的なアプローチが可能である。日本神話についてもこれまで多くの研究が蓄積されてきている。大林太良氏はわが国における神話研究を概観し[1]、そこには何らかの意味において歴史的関心が強く作用しており、一つは津田左右吉以来の研究として、神話がいつ誰によって、いかなる目的によって作られたかに関心をもつものであり、他の一つは民族学者が主として関心をもってきた系統論的なものであることを指摘している。これらに対して、最近は神話に対する構造論的研究が盛んとなってきたことを同氏は述べているが、この分野においては大林氏および吉田敦彦氏[2]などによって、目ざましい業績が積みあげられている。両氏の研究は多岐にわたっているが、主としてフランスのデュメジルの分析法に従い、彼がインド＝ヨーロッパ語族のパンテオンの構造を、主権機能・戦士機能・生産者機能のいわゆる三機能体系をもつことを明らかにしたのにならって、日本神話においても、そのような体系が見出されることを明示している。また、上山春平氏は『日本書紀』の制作主体として藤原不比等を想定する大胆な仮説を打ち出したが、[3]これは、日本の神話を構造論的に分析しつつ、それを通じて津田左右吉以来の神話の制作主体を問う疑問に答えようとしたユニークな研究であると考えることができる。

筆者の日本神話に対する関心も大別すれば構造論的なものにいれられると思うが、既にあげた研究者たちとは立場を異にしているので、その点をはじめに明らかにしておきたい。筆者は神話学を専攻するものではなく、心理療法に従事しているものである。欧米で心理療法家として訓練を受け、日本で実際に行ってみると、もちろん欧米での教育が大いに役立つのであるが、それはそのまま日本人に適用できないことも痛感される。日本人の心の在り方が西洋人のそれと異なっていることが、実感されるのである。そこで、日本人の心の在り方を深層に至って研究するために、われわれは個人の無意識的な心的過程の表現としての、夢や自由連想、絵画などの表現活動を素材として取りあげるが、一方、日本人全体としての心の深層構造を知るために、神話を重視するのである。ここに神話に対する筆者の関心が生じてくる。

神話を人間の心の深層構造を知るために分析するとか、神話は人間の無意識の心の過程の反映であるとか言うのは、実のところ、あまりにも心理学的な表現として一面的に過ぎるものであろう。神話はものごとを説明するためではなく、「基礎づける」(begründen)

ために存在するというのは、ケレーニィの名言である。[4] 彼は「神話は本来、『なぜ』に答えるものではなく、『どこから』に答えるものである」と言う。彼の言葉を少し引用してみよう。「神話の出来事は世界の根底を形づくる。というのは、一切が神話の出来事を基礎とするからだ。神話の出来事はアルカイ(始源)である。神話の出来事が常に老いることも尽き果てることも知らず、克服されることもなく残っているところ、つまり底知れぬ太古のある時代、永遠に繰り返される再生によって不滅の姿を現わす過去のある時代に、一切の個別的特殊的なものが特に自己の拠り所とし、また自己形成の原点とする、あのアルカイである」。筆者が神話を深層心理学的に研究すると言っても、その背後にこのような神話に対する根本的態度をもつものであり、この考えの上に立って言えば、われわれが無意識という場合、それは個人の意識によって抑圧された心的内容のみを指すのではなく、むしろ、ケレーニィの言う意味での始源的な出来事を内在するものを考えているのである。

日本神話を以上のような観点に立ってみる場合、筆者としては『日本書紀』よりは『古事記』の方が、より納得のゆく構造を示してくれるように思われた。それについては、ここに詳述する余裕はないが、おそらく『日本書紀』の方に政治的な意図が強くはたらいているためではないかと推察される。『古事記』のパンテオンの構造のなかに、筆者は日本人を基礎づける根底を見る想いがしたのであるが、それはまさに根底として、日本人の思想、宗教、社会などの構造の目に見えぬ支えとして存在しているように思われるのである。このことを詳述するためには、日本神話のパンテオンの構造を細かく見てゆかねばならないが、[5] 今回は紙数の制限によって、その中で筆者が最も重要と思う点で、今までわが国の神話研究者によって指摘されていない、『古事記』神話における中空構造ということについて論じてみたい。

中空性

妻のイザナミを黄泉の国に訪ね、そこから帰り来たイザナキは、いわゆる三貴子、アマテラス、ツクヨミ、スサノヲを生む。このときイザナキは「吾は子生み生みて、生みの終《はて》に三はしらの貴き子を得つ」と言ったのだから、その喜びと三人の子に対する期待は実に大きかったと言うべきであろう。ところで、この三神のうち、アマテラスとスサノヲについては周知のごとく、多くのことが物語られる。既述の吉田敦彦氏による日本神話の三機能体系の研究では、この二神にオオクニヌシを加えて三機能を代表するものと考えられている。ここに誰しも疑問に思うのは、イザナキの言葉に示されるように、明らかに同等の重みをもって出現した三神のうち、ツクヨミに関する物語が、『古事記』にほとんど現われないということである。

『日本書紀』にはツクヨミがアマテラスの命を受けて、ウケモチの神を訪れ、その非礼を怒って殺害した神話が存在している。しかし、これに類似の話が『古事記』においては、スサノヲのこととして語られており、『古事記』に注目する限り、ツクヨミの話は皆無と言ってよいだろう。『日本書紀』の話を一応取りあげるとしても、「月神」に関する神話は日本の神話体系のなかで、極めて貧弱と言わねばならない。日本神話についての詳細な研究を行った松村武雄[6]も、「古典神話の月神に対するかうした無視若くは無関心は、比較神話学的観点からすると、一の頗る目をひく現象でなくてはならぬ。なぜなら、多くの他の民族の神話圏にあっては、月神は太陽神と相並んで、若くは少なくともこれと雁行して、さまざまの方面に可なり重要な役割を演じてゐるからである」と述べている。日本神話の体系を見るとき、「太陽神と相並んで、若くは少なくともこれと雁行して」存在しているのはスサノヲであり、月神、ツクヨミではないのである。

この疑問を一層強くするのは、日本人が情緒的には太陽よりもむしろ月の方を重要視したと思われる事実である。たとえば、『万葉集』をひもといても、そこに月を詠んだ歌を多く見出すことはできても、太陽を詠んだものは極めて少ないことに気づくであろう。『万葉集』の歌のなかには、「月読壮子」などという表現も見られるのである。あるいは、日本人は太陽暦ではなく太陰暦を用いていたのであり、月の存在は、日常生活において大きい役割を占めていたと思われる。にもかかわらず、神話体系のなかで、ツクヨミはほとんど無為に等しい役割をもたされているのである。

三貴子の中心に存在するツクヨミの無為は、『古事記』の冒頭に語られる、三柱の神のことを想起せしめる。『古事記』の伝えるところによれば、それは次のようである。

「天地《あめつち》初めて発《ひら》けし時、高天《たかま》の原に成れる神の名は、天之御中主《あめのみなかぬしの》神。次に高御産巣日《たかみむすひの》神。次に神産巣日《かみむすひの》神。此の三柱の神は、並独神《みなひとりがみ》と成り坐《ま》して、身《み》を隠《かく》したまひき。」

まさに世界のはじまりのときに成る神として、この三神が重要であることは誰しも疑わないであろう。ところで、この三神の在り方は既に述べた三貴子と不思議な対応関係をもっていることが解る。つまり、ここでまず強調したいことは、アメノミナカヌシという、明らかに中心的存在であることが名前によって窺われる神が、神話体系のなかで、ツクヨミと同じくまったくの無為な存在であるという事実である。アメノミナカヌシは『古事記』の冒頭に第一の神としてあげられながら、後に述べるように、タカミムスヒ、カミムスヒの二神については、日本神話のなかでそのはたらきが語られるのに対して、何らの記述も存在しないのである。

アメノミナカヌシのこのような不可解さに対して、古来から多くの解釈がなされてきている。たとえば、江戸時代の国学者などは、アメノミナカヌシの霊能があまりにも超絶的であるので尊崇の対象とならなかったと考え、その尊さを口を極めて称えている。これに対して松村武雄は「いづれも『独り相撲』的であつて、客観的な実状を閑却してゐる」と批判し、「これ等の学者は、自ら意識しないで『地位』と『霊能』とをすり換へてゐる」

と指摘している。[7] つまり、最初の神という地位に幻惑され、神話自体には何ら語られるところのない霊能を勝手につくりあげてしまっている、というのである。そして、松村自身は、「この神があらゆる霊格に先位してゐるのは、『神話する者』の思惟――しかも比較的後代の思惟のいたすところであって、言はば後で作られた霊格が、先に生まれてゐた諸霊格（諾冉二尊その他）の最上位に据ゑられたものに他ならぬ」と結論している。つまり、アメノミナカヌシは「神話する者」によって後代における「上への拡充」として、作られた神であると言うのである。もっとも、彼はこれに対する疑問点を多くあげ、結局のところ、「考へれば考へるほど疑問が百出するが、遺憾ながら現在の自分には、これに対して動かぬ解答を提示することが出来ない」と述べている。

アメノミナカヌシが「作られた神」かどうか、もしそうだとすれば誰によって作られたのか、などの問題も興味深いことであるが、われわれは神話の起源や系統論にはここでは関係せず、もっぱら構造論の方に注目することにしよう。そうすると、先に指摘したツクヨミとアメノミナカヌシの対応は極めて重要なことと思われるが、これに加えて、われわれはもう一つの対応関係を見出すことができるのである。それは天孫ニニギとコノハナサクヤヒメの間に生まれた三人の子どもの物語である。天孫のニニギは国津神の大山津見の娘、コノハナサクヤヒメと結婚するが、彼女が一夜にして妊娠したので、自分の子ではなく国津神の子ではないかという疑いをもつ。これに対して、コノハナサクヤヒメは自分の生む子が天津神の子であることを立証しようとして、産屋に火を放ち火の中で出産をする。そして、この劇的な火中出産によって、『古事記』によると、次のように三人の子が誕生するのである。

「故、其の火の盛りに焼る時に生める子の名は、火照《ほでりの》命。次に生める子の名は、火須勢《ほすせ》理《りの》命。次に生める子の御名は、火遠理《ほをりの》命。亦の名は天津日高日子穂穂手見《あまつひこひこほほでみの》命。」

これはよく知られている海幸と山幸の物語であり、火照命が海幸、火遠理命が山幸として、有名な話が展開してゆく。しかし、この場合においても、二番目に出生した火須勢理命はまったく無為の存在なのである。

今まで述べてきたことをまとめて考えてみると、三人の神（海幸・山幸の場合は人間に近くなっているが）の中心が無為であるという共通点が明確になってくる。アメノミナカヌシの場合のみ、出生の順序が第一であるが、これは名前が中心を示しているのと、おそらく最も重要な神として最初にあげねばならなかったのだろう、という点を考慮すると、出生順にそれほどこだわることはないであろう。もっとも、伊勢本の『古語拾遺』には、アメノミナカヌシを第一の神とし、その三人の子どもとして、タカミムスヒ、ツハヤムスヒ、カミムスヒの三神が生まれたと伝えられている。このときも、第二子のツハヤムスヒがその後にほとんど活動しない点は同様である。

さて、これらの三神はそれぞれ日本神話の体系における極めて重要な地位を占めていることも明瞭である。つまり、アメノミナカヌシらの三神は、まさに天地のはじめのときに独神として成ったものであるし、ツクヨミらの三神はアマテラス・スサノヲという日本のパンテオンにおける重要な対立者を含んでいる。また、ホスセリらの三神は、ニニギという天孫がはじめて国津神の娘との間になした子どもであり、その中の一人、ホヲリはニニギの系統を継ぐものとなる。なお、これらの三神の生まれ方も興味深い対比を示しており、最初の三神は独神として成り、次の三神は父親からの水中出産、最後の三神は母親からの火中出産という形態をとっている。

　この水中出産神話と火中出産神話のパラレルな構造は、大林太良氏もつとに指摘している[8]。これについて同氏は次のように解釈している。最初の出産によってもたらされた神によって宇宙領域の分離という悲劇が生じ、その矛盾を止揚すべきものとして火中出産が行われたが、この場合も海陸の分離という悲劇をもたらした。そこで、「水の中で生んでも火の中で生んでも結局はうまく行かない。水の中でも火の中でもない普通の出産方法がやはり一番よいことを示唆している」というのである。なかなか興味深い解釈であるが、神話の解釈は多義性を許すものであり、筆者は次のようにも考えている。すなわち、水と火という極めて聖性の高い物質によって清め、鍛えられることによって、生まれ出て来る子どもの品位を高めようと意図された、と思うのである。イニシエーションの儀式の多くにおいて、水と火は不可欠と言ってよいほどのものである。ここに興味深いのは、水中出産

日本神話の中空構造

第１の三神（天地のはじめ）	タカミムスヒ	アメノミナカヌシ	カミムスヒ	ひとり神として生成
第２の三神（天界と黄泉の国の接触）	アマテラス（天）	ツクヨミ	スサノヲ（地）	父親からの水中出産
第３の三神（天つ神と国つ神の接触）	ホデリ（海）	ホスセリ	ホヲリ（山）	母親からの火中出産

をするイザナキは、それまでに黄泉の国のけがれを体験してきているし、火中出産のコノハナサクヤヒメは、天孫という次元の高いものとの接触を体験している。つまり、高いものと低いものの接触を経過し、水と火という清めがあって後、重要な役割をもつ三神が生まれているのである。

以上の考察によって、それぞれの三神は日本神話体系のなかで画期的な時点に出現しており、その中心に無為の神をもつという、一貫した構造をもっていることが解る（上表参照）。これを筆者は『古事記』神話における中空性と呼び、日本神話の構造の最も基本的事実であると考えるのである。日本神話の中心は、空であり無である。このことは、それ以後発展してきた日本人の思想、宗教、社会構造などのプロトタイプとなっていると考えられる。

巡　回

先に水中出産と火中出産を対比したとき、前者においては、高天原にいたイザナキが根の国という低いところとの接触によって子どもを生み、後者においては、コノハナサクヤヒメという中つ国の住人が、高所より降臨してきたニニギとの接触によって子どもを生んだ、という巧妙な類比関係の存在を指摘しておいた。これは日本神話の全体にわたって見られる顕著な傾向なのである。日本神話においては、繰り返し繰り返し類似の構造をもった話が巧妙な対比を見せながら立ち顕われてくるのである。これらすべてを説き明かすことは、日本神話全体について語ることになるので、既に述べた三組の三神との関連に絞って、次に簡単に述べてみよう。

日本神話の体系の中心が「空」であることを先に指摘したが、実のところ、神話を一見したところでは、中心にアマテラスが存在しているようにも思える。それが太陽であり、天皇の先祖であることなどから考えても、それは当然のことのように思われる。しかしながら、アマテラスとスサノヲの関係を見ると、アマテラスを中心におき、スサノヲをそれに対する敵対者として簡単には規定できないことが解る。唯一の中心と、それに敵対するものの存在という明白な構造は、ユダヤ教の旧約における、神とサタンの関係に典型的に示される。それは絶対的な善と悪の対比である。ところが、アマテラスとスサノヲの関係はそれほど明白でも単純でもない。スサノヲが天上にいるアマテラスを訪ねてきたとき、それを自分の国を奪おうと誤解したのはアマテラスであり、どちらの心が清明であるかを見るために行った誓《うけ》いにおいては、スサノヲの方が勝っているのである。その後、スサノヲが乱暴をはたらき、天界を追われるが、彼はそこで抹殺されてしまうどころか、文化英雄となって出雲の国で活躍するのである。

このような構造は、アマテラス＝スサノヲの対立性を示すものではあるが、完全にどちらかを善なり中心なりとして規定せず、時にはどちらかがそうであるように見えても、次に適当なゆりもどしによってバランスが回復されることを意味している。このような傾向は「神代」を超えて人間世界にも持ちこされている。その一例をあげると、国譲りによってアマテラス系が中心に位置したかと思えるのだが、崇神天皇の代に出雲系の「美和の大物主」を祭ることによって、これはまたもやカウンターバランスされるのである。つまり、何かを中心におくかのように見えながら、その次にそれと対立するものによってバランスを回復し、中心の空性を守るという現象が繰り返し繰り返し日本神話に生じているのである。

以上のことを少し違った角度から見てみよう。日本神話の体系のなかにおいては、対立的な存在が微妙なバランスを保っていることが多いのであるが、これを男性原理と女性原理という観点から考えてみよう。男性原理はものごとを切断する機能を主とし、切断によって分類されたものごとを明確にする。女性原理は、結合し融合する機能を主とし、ものごとを全体のなかに包みこんでゆく。西欧のシンボリズムにおいては、男性―太陽―精神―能動、女性―月―肉体―受動、と言ったような対応的な二つの軸によって、あらゆる事象が秩序づけられるような考え方が存在している。空間象徴的には、前者には、右、上、が結びつき、後者には、左、下、が結びつくことが多い。ところで、このような対立関係によって日本の神話を見てみると、どうなるであろう。まず第一に、女性―太陽、男性―月、という結びつきが見られ、しかも、アマテラスは父親の左の目から、ツクヨミは右の目から生まれている。アマテラスが高天原にいるのは、上方の精神界にいるのを意味しているようだし、男性のスサノヲは下方の人間的な世界にいるように思われる。つまり、対立が画然とし、その軸の上に秩序づけられるのではなく、微妙な混合によってバランスがとられているのである。

男性原理と女性原理という点から見れば、そもそも、イザナキ・イザナミの結婚の儀式が印象的である。天の御柱を回るときに、イザナキは左より、イザナミは右より回ることになるが、イザナミが先に「あなにやし、えをとこを」と言い、イザナキがその後に「あなにやし、え娘子《をとめ》を」と言う。ところが、このとき女性が先にものを言ったのが悪く、ヒルコが生まれる。このヒルコは好ましくない子として、葦船に入れて流してしまう。このヒルコに対する解釈はいろいろとあるが、アマテラスがオオヒルメノムチと呼ばれるところから考えると、ヒルメに対するヒルコという対立が考えられる。『日本書紀』によれば、イザナキ・イザナミの子として、アマテラス、ツクヨミが生まれ、次にヒルコ、スサノヲが生まれるが、ヒルコは三年たっても立てず、棄てられることになっている。これはおそらく、日の女神に対する日の男性神がパンテオンから追われたことを意味しているのであろう。このように考えると、イザナキ・イザナミの結婚において、男性が先に言葉を発することを善しとすることで、男性の優位を示しているようだが、ヒルコを廃してヒルメを立てるところは、むしろ女性原理の優位を感じさせる。つまり、どちらか一方が優位になってしまうことはなく、必ずその後にカウンターバランス作用が生じるのである。

ヒルコとヒルメの対立は明らかに女性の優位に終るが、そこに新たなる男性原理の体現者としてのスサノヲが登場する。ところが、アマテラスとスサノヲの対立も、にわかに女性原理と男性原理の対立とは断定し難いものがある。それはいろいろな観点から言うことができるが、最初の三神、アメノミナカヌシ、タカミムスヒ、カミムスヒとの関連で考えてみると次のように考えられる。タカミムスヒとカミムスヒは、その内性、機能などにおいて対照的であることは、多くの学者が指摘している。つまり、タカミムスヒはむしろ、アマテラスをはじめ高天原系の神と関連が深く、カミムスヒはスサノヲ、オオクニヌシなどの出雲系の神々と関連が深い。しかし、ここで興味深いことは、タカミムスヒは戦闘などの男性原理、カミムスヒは生成、農作などの女性原理の機能を主としていることである。つまり、アマテラスという女性はタカミムスヒという男性原理の施行者を背後にもち、スサノヲという男性神はカミムスヒという女性原理の施行者を背後にもっているのである。

詳述することは避けるが、このようにして日本神話の構造を男性原理と女性原理の対立という観点から見ると、どちらか一方が完全に優位を獲得し切ることはなく、たとい、片方が優勢のごとく見えるにしても、それは必ず他方を潜在的な形で含んでおり、直後にカウンターバランスされる可能性をもつ形態をとったりしていることが解る。このため、類似のパターンをもった事象が、その内に微妙な変化と対応をもちながら繰り返し生じるという形式が認められるのである。これは、日本人の特徴としてあげられる、敗者に対する愛情感の強さ、いわゆる判官びいきの原型となるものであろう。これはまた、先に述べた日本神話の中空性ということに関連づけるならば、日本の神話においては、何かの原理が中心を占めるということはなく、それは中空のまわりを巡回していると考えることができる。つまり、類似の事象を少しずつ変化させながら繰り返すのは、中心としての「空」のまわりを回っているのであり、永久に中心点に到達することのない構造であると思われる。このような中空巡回形式の神話構造は、日本人の心を理解する上において、そのプロトタイプを提示しているものと考えられるものである。

　日本神話において「繰り返し現われる類似の構造の筋」の存在をつとに指摘している大林太良氏[9]は、『古事記』における古代日本の神話に表われているものの考え方は、やはり一種の弁証法である。つまり、前の世代における矛盾を、このように男と女の価値を取り換えるということによって融和させる、あるいはまた新しい段階に止揚させるという試みが繰り返し行なわれているのである」と述べている。筆者の考えもこれに沿うものであるが、ただ「一種の弁証法」と言うべきかどうかに迷いを感じている。つまり、既に明らかにしたように、日本の神話では、正・反・合という止揚の過程ではなく、正と反は巧妙な対立と融和を繰り返しつつ、あくまで「合」に達することがない。あくまでも、正と反の変化が続くのである。つまり、西洋的な弁証法の論理においては、直線的な発展のモデルが考えられるのに対して、日本の中空巡回形式においては、正と反との巡回を通じて、中心の空性を体得するような円環的な論理構造になっていると考えられる。

統合の論理と均衡の論理

以上に明らかにしてきたことを踏まえて、日本人の心の構造と結びつけて少し思い切ったことを述べてみたい。日本神話の論理は統合の論理ではなく、均衡の論理である。それは一見すると、天皇家の正統性の由来を明らかにするためのものであり、権威ある中心としての天皇の存在を主張しているかに見える。しかし、既に明らかにしたように、『古事記』神話において中心を占めるものは、アメノミナカヌシ―ツクヨミ―ホスセリ、で示されるように、地位あるいは場所はあるが実体もはたらきもないものである。それは、権威あるもの、権力をもつものによる統合のモデルではなく、力もはたらきももたない中心が相対立する力を適当に均衡せしめているモデルを提供するものである。

中心が空であることは、善悪、正邪の判断を相対化する。統合を行うためには、統合に必要な原理や力を必要とし、絶対化された中心は、相容れぬものを周辺部に追いやってしまうのである。空を中心とするとき、統合するものを決定すべき、決定的な戦いを避けることができる。それは対立するものの共存を許すモデルである。

中心が空であることは、一面極めて不安であり、何かを中心におきたくなるのも人間の心理傾向であるとも言える。そこで、筆者が日本神話の（従って日本人の心の）構造として心に描くものは、中空の球の表面に、互いに適切な関係をもちつつバランスをとって配置されている神々の姿である。ただ、人間がこの中空の球状マンダラをそのまま把握し、意識化することは極めて困難であり、それはしばしば、二次元平面に投影された円として意識される。つまり、それは投影される平面に応じて何らかの中心をもつことになる。しかし、その中心は絶対的ではなく投影面が変れば（状況が変れば）、中心も変るのである。このようなモデルを考えにくい人は、中心が空であるために、そこへはしばしば何ものかの侵入を許すが、結局は時と共に空に戻り、また他のものの侵入を許す構造である、と考えて貰うとよい。

　このようなモデルは日本人の心性にいろいろな点でよくマッチしていると思われる。たとえば、上山春平氏は「思想の日本的特質」という興味深い論文において、[10]日本の思想史を一貫している特色として、「ラジカルな哲学否定」があると述べている。そして、その「哲学否定」とは「思想における徹底した受動性もしくは消極性に他ならなかった。体系的な理論の形で積極的に主張（テーゼ）を押したてて行くことをしない態度」であると述べている。同氏はこのような特徴を「凹型文化」と呼んでいるが、この凹型はすなわち、日本神話の中空性にその型を示していると思われる。わが国が常に外来文化を取り入れ、時にはそれを中心においたかのごとく思わせながら、時がうつるにつれそれは日本化され、中央から離れてゆく。しかもそれは消え去るのではなく、他の多くのものと適切にバランスを取りながら、中心の空性を浮かびあがらせるために存在している。このようなパターンは、まさに神話に示された中空均衡形式そのままであると思われる。

中心を空として把握することは困難であり、それは一時的にせよ、何らかの中心をもつものとして意識されることを既に指摘した。このことは、日本人特有の中心に対する強いアンビバレンツを生ぜしめることになる。つまり、新しいものをすぐに取り入れる点では中空性を反映しているが、その補償作用として、自分の投影した中心に対する強い執着心をもつ。あらゆる点において、日本人は自分が「中心」と感じているものには執着し、高い関心を払う。しかし、時が来てその「中心」の内容が変化すると、以前に中央に存在したものに対する関心は消え失せ、新しい「中心」に関心を払うのである。

今まで述べてきた、中空均衡構造は、日本人の思想のみではなく、政治、宗教、社会構造などにおいてもあてはまるものと思われるが、それらについての考察は省略する。ただ、現在の世界の状勢は、政治、経済などの面において統合よりは均衡を目指す傾向にあるので、日本神話の構造はその点についてなかなか示唆するところの大きいものと思われる。

このような中空構造は、ともすれば中央への理不尽な侵入を許しやすい欠点をもつものであるが、それを防ぐためには、均衡を支えているそれぞれの対立的存在の在り方が関係してくる。そのような意味でも、日本神話のパンテオンの中空構造の周囲に存在する神々の関係の在り方を詳細に把握することが必要となってくる。しかしここではそれらについては、簡略に述べるにとどめ、もっとも基本的と思える中空性について論じたのである。

以上述べたことは、わが国の天皇制について考える上においても、示唆するところが大であると思う。

（1）大林太良『日本神話の起源』角川書店、一九七三。
（2）吉田敦彦氏の多くの著作にそれを見ることができるが、たとえば、『日本神話と印欧神話』弘文堂、一九七四、『比較神話学の現在』朝日出版社、一九七五、など。
（3）上山春平『神々の体系』中公新書、一九七二、『続・神々の体系』中公新書、一九七五、『埋もれた巨像』岩波書店、一九七七。
（4）ケレーニィ／ユング、杉浦忠夫訳『神話学入門』晶文社、一九七五。以下、引用は同書による。
（5）この点については、ユング研究所に提出した資格論文に論じたが、わが国では未発表である。H. Kawai, The Figure of the Sun Goddess in Japanese Mythology. unpublished thesis in C. G. Jung Institute, Zürich, 1964.

(6) 松村武雄『日本神話の研究』第二巻、培風館、一九五五。
(7) 松村武雄、前掲書。
(8) 大林太良『日本神話の構造』弘文堂、一九七五。
(9) 大林太良、前掲書。
(10) 上山春平「思想の日本的特質」、『日本の哲学』岩波講座「哲学」第十八巻、一九六九、所収。

中空構造日本の危機

父権復興論の落し穴

最近、わが国の家庭における父性の弱さが、大きい問題点として指摘されることが多くなった。われわれ臨床家としては、自分が取り扱う相談例を通じて、このことは大きい問題点として早くから認識しており、つとにその点を指摘してきたのであったが、最近になってようやくそのことが一般にも認識され、ジャーナリズムをも賑わすようになってきた。このことは後にも述べるような思春期の子供たちの家庭内、学校内の暴力行為の凄まじさによって、急に一般の注目をあびるようになってきたのであるが、われわれとしては自分たちが早くから強調してきた点が多くの人に受けいれられて嬉しく思う反面、最近ではその認識が違った方向へと歪曲して進んでゆくような危惧を感じるので、ここに、わが国における父性の問題について再考してみようと思う次第である。

今日（昭和五十六年五月三日）も朝刊を見ると、家庭内暴力の息子の行為に耐えかねて、息子を殺してしまった父親の記事が出ていた。記事の傍には評論家の言として、家庭内における父性の弱さが指摘されている。このことは決して間違ってはいないのだが、最愛の息子を殺さざるを得ないところにまで追いつめられた父親の心境や、そこまで親を追いつめねばならない息子の心に内在するものなどについて考えてみると、「父性」などと言っても、それは一般に考えられているものより、はるかに次元の異なるものであるという認識の必要性が感じられる。

「父親は毅然として息子に立ち向え」などと言うのだが、このようになってしまってからは、それがどれほど難しいことであるか、経験しない人にとっては解らないであろう。この息子は、新聞の報道によると、盗聴器を買い求めてきて、両親に対して「お前らの話を盗聴するつもりだと言い、どうして家族の話を盗聴などするのかと両親が問うと、「家族ではない。お前らはカネだけだしておればいいのだ」と答えたと言う。この子にとって家族関係の否定は、このようなレベルにまで達しているのであり、それは両親にとって耐え難いものであったろう。

中学校における学校内での生徒たちの暴力事件の増加は、最近の新聞に大きく取りあげられている。ことに、生徒たちが教師に対してふるう暴力が凄まじく、そのために「登校拒否」をする教師さえ現われる始末であると言う。ここにおいても、学校内における父性の弱さが問われていることは明白である。

このような学校や家庭における父性の弱さを反省する人は、誰しも戦後教育の甘さを批判することになる。戦後、日本人が受けとめた「民主主義」は、権力の否定と言うことに強く結びつき、敗戦まで日本の家庭内において権力者として威張っていた父親の価値は急落したのであった。そして、多くの育児書は、父親が権威的になることを戒め、子供に「理解のある」父として、友人のように子供に接することをすすめた。このような傾向が相当に強まってきたこの頃になって、今度は父性の弱さが問題点として指摘されるようになってきたのである。

このような次第であるから、最近は父権復興の声がにわかに高くなって、家庭や教育に関する評論家は「強い父」の必要性を説くようになった。「理解のある父」を理想像としてさんざん強調しておきながら、最近になって急に「怖い父」の必要性を説いたりする教育評論家も困りものであるが、それよりももっと重要な問題は、その「父権復興論」をあまりにも短絡的に機能させようとする点にあると思われる。すなわち、これらの父権復興論者は敗戦後の日本の「民主教育」を行きすぎ、もしくは失敗と考え、昔の日本の父権を讃えるのみならず、父親の強さと結びつくものとしての徴兵制度の復活にまで、その論をジャンプさせる動きを見せ始めているのである。

軍備費の拡大、憲法の改正、それに徴兵制の復活などが、最近になってとみに声高に論議されるようになってきた。これらの問題は単なる軍事ではなく、政治、経済などあらゆる分野にまたがるものであって軽々しく論じられるものではない。筆者はもとよりそのような専門家ではないので、それに対して直接に論じる資格をもっていない。しかし、既に述べてきたように、徴兵制復活を願う人々の気持のなかには、端的に言えば、それによって現代の若者たちを「鍛え直したい」という教育的願望が濃厚に存在している。あるいは、そのような漠然とした一般の期待に乗っかることによって、徴兵制の復活を計ろうと意図する動きが認識されるのである。従って、筆者はむしろ教育の問題を考えるものとして、このような論議の底にある一般的な教育的期待の問題を論じようと言うのである。

こんなことは、政治、経済の問題に比して馬鹿げているようにも思われるが、実はこのような国民感情ほど恐ろしいものはなく、それが途方もない力を有するものであることは、われわれが痛い教訓を通して体験してきていることである。そして、このことを熟知している「仕掛人」は、たとえば、徴兵制度を論じるにしても、それに伴う具体的内容をあまり示すことなく、「日本が危い」とか、「青少年を鍛える」などのキャッチ・フレーズによって、ひたすら「国民感情」に訴える方法をとることが多いのである。

もう二年近く以前のことになるが、『文藝春秋』誌上で、森嶋通夫氏と関嘉彦氏が戦争についての興味深い論争を行った〔一九七九年七月号〕が、森嶋氏は、その論文の冒頭に、「日本では通常『国民的合意』は軽率に、しかも驚くべき速さで形成される。その上、いったん『合意』が出来てしまうと、異説を主張することは非常に難しいという国柄である」と指摘している。これは極めて重要な指摘である。筆者が恐れるのは、たとえば徴兵制復活論が、それが軍事、政治、経済、外交その他でどのような意味をもち、どのような人がそれによってどの程度の利害を蒙るのか、その精神的意味は何かなどの問題をほとんど国民に知らせることなく、日本における「父権復興」の波に乗せて、感情的なレベルの動きによって「国民的合意」にもっていかれることである。従って、筆者は日本における父性――それに関連して母性――の問題をここに詳しく論じようと思うのである。

　筆者は以前より、日本における父性の弱さを問題視してきた。しかし、「父権復興」という用語は用いたことはない。これは、わが国には復興すべきような父権など、もともと無かったという認識に立っているからである。これは既に他に論じたことであるので（『母性社会日本の病理』中央公論社刊）、繰り返しを避け、結論だけ述べると、わが国は心理的には母性優位の国であり、欧米の父性優位性と対照的であると言うことである。個人の個性や自己主張を重要視するよりは、全体としての場の調和や平衡状態の維持のほうを重要視するのが、日本人の態度なのである。確かに戦前の父は怖かったが、それは社会制度によって守られている家長としての強さであり、個々人が厳しい父性を身につけていることによるものではなかった。戦前の日本は母性優位の心理的状態を、父親を家長とすることによって、一種の補償を行ってきたのだが、敗戦後にそのような制度が壊されると、父親の弱さが曝露され、母性優位の傾向があまりにも強くなってきたと思われる。従って、筆者は日本の社会を「母性社会」と呼び、その問題点を明らかにしてきた。しかしながら、この点もあくまで比較を欧米にとった場合であり、アジアの他の諸国などと比較するときは、それらの国々こそ母性的な心理を強くもっており、日本はむしろ、父性と母性のバランスの上に立っているとさえ思われるのである。そのような考えに基づいて、日本における父性と母性の問題を、もう少し違った角度から見直したい。

日本的「中空構造」

母性はすべてのものを全体として包みこむ機能をもつのに対して、父性は物事を切断し分離してゆく機能をもっている。ヨーロッパにおける父性の優位は、人間が自己を他の事象から分離し、対象化して観察する能力を人間にもたらし、それが自然科学の知へと発展していった。そして自然科学を中核とする西洋近代の特異な文化は、世界を支配することになった。

そのとき、アジア、アフリカの諸国のなかで日本のみが、ヨーロッパの近代文明の取り入れに成功したが、それは完全な西洋化を意味しているものではなかった。欧米諸国が現在体験しつつある多くの行きづまりは、彼らがあまりにも父性の優位を誇りすぎ、母性を断ち切りすぎたからであるという見方も可能である。そのとき、近代の先進国のなかで日本のみが近代化の歪みをあまり受けていないように思われ、その点が最近とみに日本礼讃という形で示されているが、これは、日本が西洋の近代文明を取り入れつつ、母性的なものを保持し続けてきたからであると考えられる。この点は、後にも述べるとおり、一長一短であり、手放しの日本礼讃もどうかと思うのであるが、このような点から考えると、日本は母性優位と言うよりは、父性と母性のバランスの上に築かれていると言うほうがより妥当のように思われる。欧米との比較において、日本はむしろ母性社会と言うべきであるが、アジア、アフリカの諸国なども考慮にいれるとき、日本は不思議な中間状態にあると言うべきである。

父性と母性のバランスの上に築かれた日本の文化、社会の構造のモデルを提供するものとして、筆者は、『古事記』神話の構造を考えている。神話は国家や民族のアイデンティティを支えるものとして、特にわが国の場合は、天皇を中心とする国家の成立の支柱とするための意図をもって、それが作られたことは周知のことであるが、にもかかわらず、その深層構造は、日本人の存在の様相の深層を反映するものとなっていると、筆者は考える。この点については既に前章に述べたので、繰り返さないが、筆者の指摘した日本神話における中空構造は日本人の心性を理解する上において、極めて有効な手がかりを与えてくれると思われるのである。本論は神話の構造について述べるものではないので、これ以上詳述しないが、この中空の中心は、男性と女性のみではなく、上と下、左と右、天と地、清と穢、などの多くの対立の中央に存在して、バランスを保っているものなのである。

このような中空均衡状態は、キリスト教神話のような唯一絶対の男性神を中心とする構造と比較するとき、殊にその差が明らかになるであろう。それは中心に存在する唯一者の権威、あるいは力によってすべてが統合される構造をもっている。統合によらず均衡に頼る日本のモデルでは、中心は必ずしも力をもつことを要せず、うまく中心的な位置を占めることによって、全体のバランスを保つのである。このような西洋と日本のモデルの差は、両者の比較において、日本人の心性のみでなく、政治、宗教、社会などの状態を考える上で適切な示唆を与えてくれる。

たとえば、ある組織内における長の役割、その在り方などについて考えてみると、西洋の場合は、それは文字どおりのリーダーとして、自らの力によって全体を統率し、導いてゆくものである。

これに対して、日本の場合の長は、リーダーと言うよりはむしろ世話役と言うべきであり、自らの力に頼るのではなく、全体のバランスをはかることが大切であり、必ずしも力や権威をもつ必要がないのである。日本にも時にリーダー型の長が現われるときがあるが、多くの場合、それは長続きせず、失脚することになる。日本においては、長はたとい力や能力を有するにしても、それに頼らずに無為であることが理想とされるのである。このような点は、日本の歴代の首相などを見ても、ある程度了解されるであろう。

中心による統合のモデルは、西洋における自然科学の発展に大きく寄与したと思われる。

合理性という原理を中心に、矛盾を含まず論理的に整合性をもつ体系を樹立することによって、自然科学は大いに発展したのである。しかしながら、このようなモデルは自分の体系と矛盾するものはすべて組織外に排除する傾向をもっている。従って、その矛盾を許さぬ統合性は極めて強力ではあるが、反面、もろい面を持ち合わせている。そして、それは常に排除した対象と戦い、あるいは、それを抹殺する意図を継続するために、強力なエネルギーを必要としている。

このことを個人の内面に即して言えば、ある個人は固有の自我を確立し、統合された強さをもつが、それは常に他に対して自己主張し、自己防衛のためにエネルギーを費やさねばならない。このような人間関係のマイナス面が露呈されたものとして、先進国の都市、特にアメリカにおける凶悪犯罪の増加や、経済的な行きづまりによって生じている不安状況などを見ることができる。このような反省から、先進国のリーダーたちが、日本の企業の視察に来ることなどが増加しているのであるが、ここに提示したような根本的なモデルの差に気づかず、表層的な差を見るのみでは、あまり役に立つことはないであろう。

これに対して、日本の中空均衡型モデルでは、相対立するものや矛盾するものを敢えて排除せず、共存し得る可能性をもつのである。つまり、矛盾し対立するもののいずれかが、中心部を占めるときは、確かにその片方は場所を失い抹殺されることになろう。しかし、あくまで中心に空を保つとき、両者は適当な位置においてバランスを得て共存することになるのである。

中心に父性を置かず、母性を置いた場合はどうなるであろうか。これは確かに既に述べた中空構造に近いものであるが、それは中空均衡型に比して、もっと混沌としたものであり、父性の存在を拒否するものと言うべきであろう。母性中心のモデルは、アジア、アフリカの諸国などを理解するときに有効ではないかと思われる。

日本の中空構造の利点はこれ以上述べなくとも、現在では相当明らかであろう。そこで、むしろ、その短所のほうを指摘するならば、その中空性が文字どおりの虚、あるいは無として作用するときは、極めて危険であるという事実である。たとえば、最近、敦賀の原子力発電所における事故にまつわるその無責任体制が明らかにされたことなどは、その典型例であると言えるだろう。最も近代的な組織の運営において、欧米諸国から見ればまったく不可解としか思えないような、統合性のない、誰が中心において責任を有しているのかが不明確な体制がとられていたのである。このような無責任体制も、それが事なくはたらいているときは、案外スムースに動いているものであるが、有事の際にはその無能ぶりが一挙に露呈されるのである。敦賀の原子力発電所を例にあげたが、日本の近代的組織は、時に驚くべき無責任体制であることを示す事実は、枚挙に遑《いとま》がないであろう。

日本的中空構造のマイナス面を示すもののひとつとして、現在の若者たちを把えている無力感、無気力などをあげることができる。もちろん、このことは日本だけでなく先進国における共通の悩みとも言えるのだが、やはり、日本的特性としてあげられる面をもっている。われわれ臨床家が、このような無気力症の若者に会うとき、その中心の無さに触れて、中心の喪失というよりも、もともと無かったものが急激に「無」ということを意識させられているように感じられるのである。いわゆるスチューデント・アパシーと言われる学生たちのなかには、アルバイトなどには熱心でよく働くのだが、中心となるべき学業に関してまったく無気力であり、何よりも自分の存在の中核部分が空虚であるという感じを強くもつものが多い。

アルバイトや趣味的なことはけっこうやり抜く力をもち、また、やってもいるのだが、その中核には結局何をしても「意味がない」、「どうということはない」という底のない空虚感が存在しているのである。彼らを「正常」に戻すために、人生の目標や生き甲斐とやらを与えてやろうとする幸福な人は、底知れない空虚な冷笑の前にたじろぐことになるであろう。このような若者にわれわれがどのようにして接してゆくかは、本論外のことなので触れずにおくが、その病根は極めて根深いものであることを指摘しておきたい。

中心への侵入者

日本的中空構造の利点と欠点について述べたが、これは次のようにも言いかえることができるであろう。すなわち、中空の空性がエネルギーの充満したものとして存在する、いわば、無であって有である状態にあるときは、それは有効であるが、中空が文字どおりの無となるときは、その全体のシステムは極めて弱いものとなってしまう。後者のような状態に気づくと、誰しも強力な中心を望むのは、むしろ当然のことである。あるいは、中空的な状態それ自身が、何ものかによる中心への侵入を受けやすい構造であると言ってもよい。ここに中空構造を維持することの難しさがある。

最初に家庭内暴力や校内暴力の例をあげ、父性の弱さが日本における問題として浮かびあがっていることを明らかにしたが、ここで「父権復興」を叫ぶ人々は、中空構造の空性を侵して、そこに父性を据えようとするのであり、「復興」を主張する背後には、かつてわが国において存在した父性をそれに用いればよいという認識に立っていると思われる。それは相も変らず「古きよき時代」を懐かしむ老人の感傷と結びつき、「父よあなたは強かった」という時代の父性を復興しようとする態度につながっていくのである。ここに最初に述べた「徴兵制復活」論が盛んとなる心理的要因がひそんでいると思われる。

われわれはここで日本のかつての軍隊が、それほどの強い父性をもっていたかを検討しなくてはならない。確かに日本の軍隊は肉体的な強さをもっていたかも知れない。しかし、それが父性のすべてであろうか。日本人の父性について考えさせられるひとつのエピソードを示してみよう。

ある非行少年に会って、われわれがまず気づいたことは、その父親があまりにも少年の要求をききいれすぎていると言うことであった。自動車が欲しいと言うと無理をして買ってやる。少年が自動車で友人と旅行に出ると言うと、相手が誰かも確かめずに許してしまう。このような弱い父に会って、われわれが驚いたのは、その人が戦争中の勇士で勲章まで貰っているという事実であった。

この父親と話し合って感じたことは、彼は突撃という命令が下されるときは、それに従って勇敢に行動し得るのであるが、子供からいろいろな要求を突きつけられたとき、自分の個人的判断によってそれに対面する強さをまったくもたないと言うことであった。彼はそんなときに、自分自身の判断ではなく、「みんなはどうなのか」、「よその人はどう思うか」と考えてみる。息子はそれにつけこんで、この頃では「みんなが自動車をもっている」などと主張して、父親を意のままに従わせるのである。このような父親を軍人として勇敢であるからと言って、全面的に「強い」と言えるであろうか。

父親と言うものは既に述べたように、切断する機能をもつ。それは自己と対象とを切り離し、また対象を部分へと分割して把握する力をもつ。このようにして明確な概念を確立し、それらの関連を合理的、論理的に把握することが可能である。西洋において自然科学を発展せしめた思考法の背後に存在する父性的な強さは、確かにわが国において望まれていることである。

既に明らかにしたように日本的中空構造は今までのところ、なかなか有効に作用してきたのであるが、現在のように国際間の交流が激しくなり、西洋の文化に触れる機会が増大すると、もはや「和魂洋才」では通じなくなってきて、西洋の影響は日本人の魂のレベルにまで及んできたと言うべきであろう。つまり、日本人が今問題とすべき父性は、単に肉体的な強さとか、戦争中に叫ばれた「大和魂」的な強さではなく、ここに示したような、合理的に思考し判断し、それを個人の責任において主張する強さなのである。それはいわば「大和魂」を打ち破った精神なのである。

しかしながら、「父権復興」を叫ぶ人たちの多くが考えているのは、日本的な父性、あるいは母性的集団とも言うべき日本的軍隊の復活ではなかろうか。今どきの弱い、あるいは身勝手な若者を徴兵によって「鍛えてもらおう」などと考えている人は、自ら父親の強さをもつことを放棄し、それを集団にまかせようとする、極めて母性的な発想を抱いているのである。このことは、われわれ臨床家が常に経験するところであり、自分の子供を「厳しく鍛え直す」ことを主張する多くの親は、それを自らがやる意志はなく、他人にゆだねようとする姿勢を示し、その弱さ故にこそ子供の強烈な反発を惹き起しているのに気づかないのである。このようなことに気づかずに、父権復興のかけ声に乗せられ——かけ声に乗ることがそもそも父性の弱さを意味するのだが——あわてて徴兵制復活などをするならば、日本の誇る中空性の中央に、低劣な父性、あるいは母性に奉仕する父性の侵入を許すことになり、戦争中の愚を繰り返すことになるのみであろう。

徴兵制復活とまで主張しないにしても、父性の弱さをスポーツの振興によってカバーしようと主張する人もある。しかし、この際もスポーツの質についてよくよく検討する必要がある。現在のわが国においても、スポーツの練習を合理的に科学的に行っている人たちもいる。しかし、たとえば高校野球の大会などを見ていると、もちろん日本人の代表だから仕方ないとは言うものの、あまりの母性集団の戦いであるのにウンザリすることが多い。スポーツによって「精神」を鍛えると言うのだが、その「精神」は著しく父性を欠いているのである。野球部員以外の生徒が起した不祥事によって、野球部が連帯責任とやらで出場停止される考えは、西洋のスポーツマンにとってはおそらく不可解のことであろう。母性集団では、個人の責任は極めて曖昧であるが、連帯はどこまでひろがるか判断が難しいので、連帯責任は途方もなくひろがってゆくのである。去年〔一九八〇年〕の甲子園のヒーロー愛甲選手が、在校中にけんかをしたことが発覚し、その責任が下級生にまで及び、愛甲選手が土下座してあやまっている写真を見たが、これは西洋人の考えるスポーツマンシップとは無縁の現象なのである。

　土下座と言えば、家庭内暴力の少年たちが親に対して、土下座してあやまれと怒鳴ることが多いのを想起させられる。暴力をふるう子供たちも、無意識的には強力な父性を呼び起こそうとする意図をもっているのだが、彼ら自身それについて知らなさすぎるので、結局は土下座の強要など、日本の旧軍隊や、高校野球に見られる日本的父親を真似るようなことしかできないのである。ついでに言っておくと、このようなとき、土下座を強要された親たちが、子供の気持を受けいれてやるほうがいいなどと考えて、そのとおりに土下座したりするので、子供のほうはますますいきり立ってしまい、暴力は激化するのである。

子供を受けいれるつもりなら、子供が真に望んでいるものを与えてやらねばならない。土下座せよなどと無理難題を吹きかけながら、子供たちは内心では、それに屈しない強力な父親像を希求していることを忘れてはならない。しかし、それにこたえることは、何度も繰り返すことだが極めて難しいことなのである。

中空構造は中心への侵入を許しやすいのが欠点であると述べた。この欠点をカバーする方法のひとつとして、中心となるものは存在するが、それはまったく力をもたないというシステムが考えられる。つまり、中心、あるいは第一人者は空性の体現者として存在し、無用な侵入に対しては、周囲の者がその中心を擁して戦うのである。このとき、その中心は極めて強力なように見えるが、それ自身は力をもたないところが特徴である。

日本の天皇制をこのような存在として見ると、その在り方を、日本人の心性と結びつけてよく理解することができるように思う。歴史をふりかえってみると、天皇は第一人者ではあるが、権力者ではない、という不思議な在り様が、日本全体の平和の維持にうまく作用してきていることが認められるのである。天皇は中心に存在するものとして、権力者であるように錯覚されたり、権力者であるべきだと考えられたりしたこともあるが、それは多くの場合、日本の平和を乱すか、乱れた平和を回復するための止むを得ざる措置としてとられたことが多い。

天皇制をこのように把えると、それは日本において重要な役割をもっていると考えられる。しかしながら、天皇制擁護を主張する人のなかには、天皇の中心性をうまく利用して、自らは影の権力者として存在したいと願うものがあることに注意しなくてはならない。これも、一種の中心への侵入の現象である。この場合、われわれは影の権力者たらんとする人が、どのような意図をもっているかについて鋭い監視の目をもたねばならない。なお、これらの中心への侵入を企てる人々が、自分たちの行為を正当化する論理として、外敵の侵入を防ぐために、われわれは強力になるべきだという「侵入」のイメージを用いることが多いのは、極めて興味深いことである。この人たちは外敵の侵入の可能性を、本当にどの程度にまで信じているのか、あるいは、それをどの程度にまで立証して見せられるのかについて、われわれはよく知らねばならない。天皇制について、それを西洋にかつてあった絶対君主制と同質のものとして把え、単純に廃止を主張するのもどうかと筆者は思っている。今まで述べてきたような日本人の特性との関連において、この問題を論じることが必要であろう。

意識化への努力

著しい近代化を行いながら、他の先進国が体験しているような葛藤をあまりもたないという点において、日本は評価され、日本人礼讃の声も高い。このようなことが可能であった背景に、父性と母性のバランスを保つ日本的中空構造があったと筆者は考えるが、その中空構造が今は危機に立っていると思われる。つまり、筆者が専門とする分野で言えば、既に示したように、暴力をふるう少年たちや、無気力に陥る学生たちによって表現されるように——彼らはそれに対して無意識ではあるが——強力な父性の出現が望まれているのである。同じようなことが、外交や政治などのレベルにおいては、日本の軍備、防衛をどのように扱うかという点で、諸外国、特にアメリカから、日本の父性的態度の確立を迫られている、と言うべきであろう。そして、このような父性は、既に明らかにしてきたように、日本的中空構造に包含されているような父性とは次元を異にするものであり、中空構造それ自体をも破壊するほどのものなのである。そのような認識をもたず、中空構造の中心に、日本的な低い父性を据えようとすることは、まったくナンセンスであり、このような安易な父権復興論に対しては、われわれは強力な反対を示さねばならない。

それではどうすればよいのかとなると、そこには名案も近道もないことを、まず認識すべきではなかろうか。おそらくこれに対するある程度の答えを出すのに、百年くらいはかかるであろうと筆者は考えている。現在に生きるわれわれとしては、その発見に至るプロセスにできる限り参画することによって満足すべきであろうが、その手段として、われわれは「意識化への努力」と言うことをあげるべきであろう。中空構造が対立物の微妙なバランスの上に成立しているためもあって、われわれ日本人はすべてのことを言語的に明確にすることを嫌う傾向をもつ。日本語そのものがそのような特性をもつことは、多くの先賢が指摘しているところであるが、すべてをどこかで曖昧にし、非言語的了解によって全体がまとまってゆく。このような日本人の態度が外交や貿易の交渉の際に外国人に誤解される基となることも、よく指摘される事実である。言語によって事象を明確に把握し意識化すること、このことこそ既に述べてきた西洋的な父性の中核にあることと言ってよいのではなかろうか。従って、意識化の努力をすることこそ、父性を取り入れてゆく重要な課題と取り組むことになるのだが、それを急ぎすぎることは、日本の良さを破壊することになるというジレンマを、われわれはよく知っておく必要がある。

『Voice』誌は昭和五十六年一月号において、「交戦権を放棄して平和が守れるか」という標題で、江藤淳氏の「交戦権不承認が日本を拘束している」という基調報告および、それに対する各分野の専門家のコメントを掲載している。江藤氏は文芸評論家としての自分がなぜ憲法や国際関係に関心をもたざるを得なくなったかについてまず述べているが、そのなかで極めて興味深い発言をしている。

それは、七〇年代の経済繁栄のなかで、わが国の文学活動も表面的には華やかで豊かになったかに見えたけれども、文学作品は加速度的に底が浅くなり、「戦後三十有余年を経たいま、日本人が使っている言葉は、日本人の心の底から自然流露的に出てくる言葉ではなくて、ある人為的なフィクションのフィルターをかけられた言葉になってしまっているのではないだろうか、という疑いにとりつかれたのです。……何か目に見えない膜のようなものが言葉にまつわりつき、それがいわば無意識と意識の境界線ともいうべき場所で作家、批評家、あるいは編集者の意識を拘束しているために、ものがはっきり見えなくなっている」という指摘である。このような自覚から、江藤氏は日本の憲法の成立過程に当時の占領軍としてのアメリカの介入があり、交戦権不承認の条項を入れこんだため、日本人全体として前記の引用に示されているような意識的、無意識的な拘束を受けるようになったとの認識に達するのである。そして同氏は現行の日本憲法に対する強い疑義を提出するのだが、この点についての同氏の論は周知のことと思う。このような説は、現在わが国で論争のひとつの焦点となっている憲法問題が法律や政治のこととしてのみならず、日本人の「精神」にかかわる深い問題であること、そこに筆者が述べてきたような父性的精神、従って言語による把握の問題などが関連することを鋭く指摘するものとして評価したい。

江藤氏の憲法問題に取り組む姿勢は前述のような点において共感するのであるが、その結論に対しては急ぎすぎの感をもたざるを得ない。それは、筆者の論法に従えば、西洋的父性を日本的中空構造の中心に据えようとするものであって、下手をすると、西洋の真似をするだけであるし、日本人の現状から考えて不可能なことでもあろう。江藤氏のみならず、清水幾太郎氏にしても、日本の交戦権承認を是とするべく論陣を張る人たちが、西洋的な父性の論理によっている事実をわれわれは認識しなくてはならない。西洋的父性の重要性を知る筆者としては、それらの説にただ反対を唱える気はしないが、そのような父性の論理による提言に唱和し、軍備拡張や改憲を主張する多数の人々は、西洋的父性の著しく欠如する、日本的父性礼讃者、もしくは、日本的母性社会の闘士たちである点に、危惧の念を感じざるを得ないのである。

憲法問題や日本の軍備の問題についての論争を見ると、交戦権を認め日本の軍備を拡張すべしとの論を展開する人は、その論理構造のみに注目すると、西洋的論理に従う人が多く、反対派の人は日本的で曖昧である。つまり、論理構造に注目する限り、改憲派が革新的で護憲派は保守的な感じを受ける。多くの点において、現在の日本では保守と革新という分類が無意味なことが多いのであるが、これなどはその一例であろう。つまり、西洋的論理によって張られた論陣について、その後に従う人はむしろ心情的保守派が多く、その相手はその逆となっているからである。このようなことが生じる理由のひとつは、論争に用いられる論理が、日本人という存在全体から遊離していると言うことではなかろうか。

江藤氏の論は鋭いが、それは知的に高いものであっても、日本人という存在全体にかかわるものとして生み出されてきたものと言えるであろうか。江藤氏が、現在の日本人が使っている言葉の底の浅さを指摘されたことは真に卓見と思うが、それは占領軍による検閲や憲法などの具体的事実と結びつけられるべきではなく、日本人自身が今、どのような言語を用いるべきかに深い迷いをもっているからであると考えるべきではなかろうか。つまり、筆者の表現で言えば、日本的中空構造によることもできず、さりとて、西洋の父性中心の構造によることもできない。日本的なものを深く掘り下げようとしても、そこに見出されるものは文字どおりの無であり、言葉を失った状態にあるのが、現在の日本の状況ではなかろうか。このように考えると、江藤氏らの論は、その鋭鋒には感心するものではあるが、日本人の存在を離れたものであり、殊に、それに続く人々の実態を考えると危惧の念をもたざるを得ないのである。

筆者が「意識化への努力」として提言したいことは、そのような西洋的父性の論理へとジャンプすることではなく、日本人としてのわれわれの全存在をかけた生き方から生み出されてきたものを、明確に把握してゆこうとすることである。文学の世界において例をとるなら、遠藤周作氏が一九六六年の『沈黙』以来、現在に至るまで追い求めてきたキリスト像の探索などをあげることができる。遠藤氏の描くキリスト像を、母性優位にすぎるとか、父性的側面が見落されていると指摘するのは、むしろ簡単なことである。われわれは知的な面にある程度の限定を加えるとき、西洋人と同じ位の物言いはできるのである。そのようなことではなく、遠藤氏がキリストという異国の神に対面して、日本人としての自分の存在のなかから生まれでてきたものを言語によって表現してみせたことに大きい意義があると思われる。つまり、遠藤氏の描き出したキリスト像は日本人にとっては半無意識的に何となく心の内にもっていたものかも知れない。しかし、それを最近の『イエスの生涯』のように、翻訳しても西洋人に通じる論理構成を採りつつ言語的に表現することは、これまでなされなかったことである。西洋的な目によって批判するのではなく、日本の現状をともかく的確に把握する。このことからこそ新しい道が拓けるのではなかろうか。

これ以上、あまり例をあげる余裕はないが、筆者の言う「意識化への努力」は、いろいろな分野においてなされつつあると思われる。たとえば、先にも少し触れたが、防衛に関する森嶋通夫、関嘉彦両氏の論争などはその例であろう。内容の紹介は省略するが、両氏の論争の態度は、わが国に今までよくあったウェットな調子や揚げ足取りがなく、気持がよかった。保守と革新、正と邪といった二分法にとらわれて、互いに相手を徹底的に押しつぶそうとするのではなく、論戦が展開されている。なお、森嶋氏は簡単に言ってしまえば、ソ連が攻めてきても「秩序整然と降伏すればよい」と言うのであり、これを防衛の実際問題としてではなく、「精神」のこととして読みとると、筆者の中空構造論と重なって興味深く思われた。日本の精神史についてみると、仏教であれ儒教であれ、日本人はそれを中空構造の中心に取り入れたかのごとく見せながら、結局は、それらを日本的構造のなかに取りこみ、日本化してゆき、中心に留めておくことをしなかったのである。このようなパターンを考えると、森嶋氏の言うごとく、たといソ連を中心に据えたところで、日本の中空構造は破壊されまいとも言えそうで、そもそも、このような奇想天外の防衛論がでてくるところに日本人の心性が反映されているが、森嶋氏の説は二重の反省が必要であろう。つまり、精神史のパターンとして見ても、既に示してきたように、今度、中心への侵入を許した場合、日本の中空構造はもはや機能しないのではないか、という点と、防衛論は防衛論として、精神的なことはさておき、もっと具体的に政治、軍事のことと関連して論ずべきだ、という点とである。

ここに防衛論は防衛論として具体的に、と述べたが、交戦権にしろ、徴兵制にしろ、この点は極めて重要である。ただ筆者としては、最初に述べたように、このような重要なことが具体的に検討されることなく、父権復興の波に乗せられて進むことを危惧するあまり、筆者の専門の立場から、父権復興論にまつわる問題点のほうを論じた次第である。われわれのなすべきことは、現在の日本における父性の弱さを認識するとしても、すぐに西洋的な父性にジャンプするのでもなく、また、徴兵制といった制度に頼ることによって自らの父性の弱さをカバーしようとするのでもなく、個々人が自分の状態を明確に意識化する努力をこそ積みあげるべきであろう。これは遠回りの道のように見えて、実は最善の道と考えられるものである。そのような意識化の努力の過程において、中空構造のモデルは、ひとつの手がかりを与えてくれるものとなるであろう。

II

昔話の心理学的研究

昔話と深層心理学

昔話に対しては、いろいろな立場からの研究が可能である。これについて、マックス・リューティは「民俗学は昔話を文化史的・精神史的ドキュメントとして研究し、社会におけるその役割を観察する。心理学はその物語を心的過程の表出として考え、聞き手あるいは読者への影響をたずねる。文芸学は昔話をして昔話たらしめるものを確認しようとつとめる」[1]と述べ、民俗学、心理学、文芸学の立場の相異を簡潔に明らかにしている。ここにリューティが「心的過程の表出」と述べていることに対して、深層心理学者であれば、「無意識的な」という形容詞をつけるだろう。そして、昔話についての心理学的研究は、今まで深層心理学者によってなされたものがほとんどである。心理学は極めて広い領域にわたる学問であるが、深層心理学はその一部であり、主流に属するものではない。心理学が昔話にはまったくといっていいほど関心を示さないなかで、深層心理学のみが、どうして昔話の研究を行うようになったかを、まず明らかにすることにしよう。

深層心理学はノイローゼの治療という、極めて実際的な目的を持って発展してきたものである。十九世紀末に、フロイトはヒステリー患者の治療体験から、人間の心の中に無意識という領域の存在することを主張した。患者の無意識内に存在するコンプレックスが、ヒステリーの症状発生の原因となっており、それを患者が明確に意識化することによって治癒されると考えたのである。そこで、フロイトにとって、人間の無意識を探索することが重要な課題となったが、催眠、自由連想などの方法とともに、夢の研究が重視されることになった。一九〇〇年には彼の名著『夢解釈』（Die Traumdeutung）が出版される。ところで、非常に興味深いことには、昔話研究者として有名なフリードリヒ・フォン・デア・ライエンが、その翌年にフロイトの『夢解釈』に言及しつつ、昔話の起源は夢の物語ではないかという説を述べていることである。[2] 確かに、昔話と夢の頼似には気づく人が多いと思うが、フロイトの弟子たちも、それに注目し、夢を解釈するのと同様の方法で、昔話を人間の無意識の心的過程の表出として研究しようと試みた。

昔話は夢と同じように、変身が行われたり、死んだものが生き返ったり、空を飛ぶことが可能となったり、日常の論理を超える現象に満ちている。そこに生じる話のモチーフにも類似のものが多い。筆者も昔話と極めて類似性の高い夢をあげて、両者の関連について論じたことがあるが、[3] この点に多くの深層心理学者が注目したのも当然のことである。とところで、フロイトが夢の研究によって得た結論は、簡単にいえば、夢とは人間の無意識内に抑圧された願望の充足を目的としており、それは多くは偽装された形で表わされるということであった。フロイトが無意識内に存在する欲望として重視したのは性であり、それによって生じるエディプス・コンプレックスは、人間の意識が対処しなくてはならない中核的な問題と考えられた。かくて多くの昔話が、人間の無意識的な願望充足の物語として解釈され、そこに潜在しているエディプス・コンプレックスの主題を露呈させられることになった。しかし、このような解釈はややもすると単調となり、既述したようにフロイトを最初は評価していたライエンも、後年には、「われわれから見れば、この派（フロイト派）の仕事でメルヘン研究に対して何らかの意義をもつものは一つもない。すべてのメルヘンがもっぱら性的体験から解かれる。それは月経や破瓜への恐怖、あるいはエディプス・コンプレックス……を反映するものにちがいないとされる」[4]と、手厳しすぎると感じられるほどの批判を述べている。

フロイト派の人々自身も、このような単調な収穫に興味を失ったのか、精神分析の初期に比して、その後は昔話の研究はあまり発展しなかった。深層心理学の中では、次節に述べるように、ユング派がもっぱら昔話の研究に関心を払いつづけてきたのであるが、最近になって、フロイト派の分析家、ベッテルハイムが極めて興味深い著書を公にした。[5]もっとも、ベッテルハイム自身も述べているように、[6]フロイト派とユング派の差は大いに埋められつつあるので、彼の見解も、初期のフロイト派の考えに比して、相当ユング派に近づいているということができる。

ユング派の昔話研究

ユングは今世紀の初頭、フロイトとともに精神分析の確立のために協調するが、一九一三年には訣別し、分析心理学という派をたてた。ユングとフロイトの学説の差について詳述はできないが、本題との関連でいえば、無意識に対する両者の考えの相異が、大きい意味を持つと考えられる。ユングはフロイトよりも無意識をひろく考え、フロイトのいうような、意識によって抑圧された層を個人的無意識と呼び、それより深く人類共通ともいえる普遍的無意識が存在すると主張した。ユングの普遍的無意識の存在の主張は、彼が研究した精神病者の妄想や幻覚、あるいは、夢や幻像《ヴィジョン》などと、神話や昔話などのモチーフに極めて類似するものが、世界共通に存在することを基礎としてなされたものである。

昔話のモチーフに離れた地域においても共通のものを見出せることは、伝播による説明がまず考えられる。ユング派の人たちも、伝播によることを否定するのではないが、伝播によらずに自然発生的に類似の話が異なる場所に生じることもある、と考えるのである。また、夢や幻覚などに生じるモチーフが、その人の過去に読んだり聞いたりした、昔話の再現であることも、もちろん考えられる。しかし、ユングはそのようなことのない場合を注意深く調べだして発表している。[7]

無意識に対するユングの態度の特徴は、フロイトのように、それを抑圧されたものとして否定的に見るのみでなく、創造の源泉としての肯定的な面をも認めることであろう。人間は他の動物と異なり、自我意識を持っている。確立された自我は、ある程度の主体性と統合性を持つが、それが人間の全存在をカバーするのではない。自我は合理的判断に基づいて、外界に自分を適応せしめ、その存続をはかる。しかし、一方では自我は死に至るものであることを知っている。ここに、人間にとっては困難な問いが生じてくる。すなわち、われわれはどこから来てどこへ行くのか、ということである。この問いに対して、合理的な思考や判断のみでは答えを見出すことができない。人間は世界の中に自分を位置づけ、その存在をゆるぎなきものとするための知を必要とする。無意識はそのような知を与えてくれるとユングは考える。夢はそのような知を蔵しているし、昔話も同様である。

現代は特に自然科学の急激な発達によって人間の自我は肥大し、時に無意識との接触を失い、不安が増大してくる。最近になって民話ブームなどという現象が生じたのも、ユング派の観点からすれば、人間の全体性を回復しようとする無意識的な欲求のためであると思われる。たとえば、桃太郎の誕生を取りあげてみよう。桃から子供が生まれることなどは、現代の科学知識の承認しないことである。ところで、人間の自我意識が生まれてくるとき、一体それはどこから生まれてくるのだろうか。人間の自我が確立し始める思春期に、自分はこの家のほんとうの子ではないのではないだろうかと疑いを抱く子供が非常に多い。あるいは、自分の両親はどこか別のところにいると空想したりする。自我が誕生するとき、それは肉体の親としての両親からではなく、それを超えたXから生まれてきたとするほうが、はるかに確かな存在感を持つことができるのだ。自我は心の中の英雄である。英雄誕生にまつわる数々の不思議な物語は、自我の来歴を、人間の全存在の中に意味づけるのに、最もふさわしいものなのである。それは、科学的に説明されるものではない。

　このように考えると、人間の生涯における節目節目に生じる現象は、人間の存在の全体性の観点から見るとき、合理的な認知とは異なるものとして受けとめられるはずである。たとえば、合理的にいえば、子供が大人となるというべき現象も、内的に生じる変革のすさまじさから見れば、死と再生の現象として記述するほうが、はるかに妥当であろう。昔話は合理的な観点からすれば、荒唐無稽に見えながら、前述したような知に満ち、人間の全体性を回復するはたらきを持つために、時代を超えて語りつがれ、喜んで聞かれてきたと考えられる。

　ユング派の昔話に対する前述したような態度は、神話や伝説に対しても同様である。ただ、よくいわれるように、伝説は特定の場所や人物などと結びついているのに対して、昔話は時空の枠組みを超えたものであることは認識しておかねばならない。また、神話の場合は一民族、一国家の存在を基礎づけるものとして、その素材は無意識的なものによるにしろ、相当に意識的、文化的な彫琢が加えられている。ユング派の分析家フォン・フランツは、スイスのある田舎の伝説が昔話に変形していくプロセスを追って発表しているが、[8]実際に、神話や伝説などが、その意識的な付属物を失って、昔話へと変形していくことは相当あることだろう。これらの三者は無意識の心的内容の表出として見られるが、以上述べたように、昔話がもっとも無意識的なものを示していると思われる。それは、異なった時代や文化の波に洗われているうちに、その中核部分のみを残すことになったのである。このような点について、フォン・フランツは、「昔話は海であり、伝説や神話はその上の波のようなものである」[9]と表現している。

既に述べたように、ユングは無意識の心的過程の表出と考えられる夢や幻覚、妄想などと神話や昔話などとの間に共通のモチーフが存在することに気づいた。それらを研究することによって、典型的なイメージを見出したが、そのイメージ群の基として、人間の無意識内に潜在する元型（Archetypus, Archetype）の存在を仮定するようになった。つまり、元型そのものは無意識内に存在するものとして、あくまで仮説的なものであるが、それが人間の意識内に顕現したものが元型的表象であると考えるのである。このような観点からすれば、昔話は元型的な表象に満ちており、それらを明確にしつつ、元型の持つ意味を明らかにすることが、ユング派の昔話研究の目的なのである。

ユング派の昔話研究家としては、ユングの弟子のフォン・フランツが特に有名である。

フォン・バイトの著作[10]はユング派の観点からなされた研究であるが、その内容のほとんどは、フォン・フランツによるものといわれている。なお、筆者もユング派に属するものとして、フォン・フランツの説によりながら、概説書を出版している。[11]

学派の相異

昔話に関するユング派の立場について述べたが、深層心理学にも他の学派があり、見解は少しずつ異なっている。そこで、一つの実例を取りあげて、その解釈の在り方を示すことにしよう。例としてはグリム童話の「赤ずきん」を取りあげるが、これはその話の筋を知らない人はまずないであろうし、既に述べたベッテルハイムや、エーリッヒ・フロムの解釈が発表されており、比較に好都合なためである。紙面の関係で詳細については述べられないが、解釈の差が特に問題となる点を強調して述べることにしよう。

最初にベッテルハイムの解釈を述べる。[12]彼は「赤ずきん」を「無意識ではエディプス的なつながりを断ち切れずにいる学齢期の少女が、解決しなければならない問題」を取り扱っていると考える。「赤ずきん」における親の家と森の中の祖母の家は、ほんとうは同一の家なのだが、心理的状況の違いから、全く別の家として経験されているのだ、とベッテルハイムはいう。赤ずきんの家は豊かな家である。幸福な赤ずきんであるが、祖母のところへ行く道で狼の誘惑に乗って道草をしてしまう。ここから恐ろしい話になっていくのだが、これは赤ずきんが現実原理（親の言いつけ）を捨てて、快楽原理（狼の誘惑）に従ってしまったからである。それに、赤ずきんが狼に祖母の家へ行く道筋を教えたのは、「赤ずきんの無意識が働いて、おばあさんをなきものにしようとしているのだ」。というのは、娘は父親（狼）に誘惑されたいという無意識の願望を持っており、そのためには、まず母（祖母）を亡きものにしなくてはならないからである。このように考えることによって、ベッテルハイムは、「赤ずきん」の中に典型的なエディプス・コンプレックスを見出してくる。ところで、この物語には父親が一度も出てこない。しかし、先に述べた狼と、赤ずきんを救出する狩人とは、父親の持つ二面性を表わしているのではないか。つまり、狼は「圧倒的なエディプス的感情の持つ危険性が外面化したもの」であり、狩人は「父親の保護者的、救出者的な機能が外面化した」ものであると考える。

主人公の少女の名を示す「赤ずきん」は、何を意味するのだろうか。赤は荒々しい情動とか、性的な情動を象徴することが多い。従って、祖母から少女に与えた赤ずきんは、「性的魅力が、未成熟な相手に伝達されたことの象徴と見ることができる」。このような状態にあったために、赤ずきんは危険に出あう。それは死に至るほどのものであったが、救出者としての狩人の出現により、少女は難を逃れる。ここで赤ずきんが狼の腹から出てくるのは、再生のモチーフを示していると考えられる。ベッテルハイムのいうとおり、「多種多様な昔話に、なにか中心的なテーマがあるとすれば、それは、より高い段階へ生まれ変わる」ことである。ここに、少女はエディプス的な欲求を満足させようとすることの危険性を知り、誘惑者的でない父親に保護されることの必要を知った娘として、以前よりは高い段階に成長したのである。

ベッテルハイムの解釈は、細部にわたって行われており興味深いものであるが、ここにその大筋のみを示した。エディプス・コンプレックスということが、どれほどの重みをもって、フロイト派に受け取られているかが了解できたであろう。これに対して、エーリッヒ・フロムの解釈を示すことにしよう。[13] フロムはネオ・フロイト派とも呼ばれ、フロイトの説を継承しつつも、フロイトが生物学的な観点を重視するのに対して、文化的、社会的な面をより重視するものである。

フロムは最初に「赤い帽子」は月経の象徴であると指摘する。少女は性の問題に直面しており、「道草を食うな」との警告は、「明らかに性の危険に対する警告であり、処女を失わないようにとの警告である」と、フロムは考える。しかし、少女は親の警告を忘れて狼の誘惑に負ける。ここで、狼で表わされている男性は、残酷でずるい動物として描かれている。そこで、女性たちはこの狼に復讐しなくてはならない。女性は男性に対して、自分たちは子供を生む能力を持つことで優越していることを知っている。女性たちが狼の腹に入れた石は不妊のシンボルである。このことによって狼は死ぬことになるのだが、考えてみると、狼が赤ずきんをのみ込んだのは、妊婦の役を果たそうとしたのではなかったかと思われる。そこで、目には目、歯には歯、の原始的な報復の法則に従い、狼は石をはらまされて死ぬことになった。

このように考えると、「赤ずきん」は祖母、母、娘という三世代を代表する女性が男性に打ち勝つ物語である、というのがフロムの説である。エディプス・コンプレックスどころか、男性優位の文化の中で、女性が優位となりたいという願望がこめられている、と彼は考えるのであろう。フロムの考えも興味深いが、弱点といえば、彼が狩人のことを「それほどの重点はおかれていない」ということで、解釈の中に入れ込んでいないことであろう。

次にユング派の観点ということになるが、ユング派の解釈が見当たらぬので、筆者自身が解釈をしてみた。ユング派を代表するものとは決していえないが、他のユング派の人が試みても、大筋では大差がないと思われる。

ユング派の立場からすれば、前二者の解釈と決定的に異なるところは、狼をまず母性的な側面を表わすものと考える点にあると思われる。とはいっても、ユング派の場合は、「母」というものを、個人としての母と、既に述べた元型としての母とに区別して考えるので、この点をまず明らかにしておきたい。

母という場合、われわれの個人として母の存在がもちろん大きいが、われわれはその背後に、「母なるもの」と呼びたいほどの個人を超えた存在を感じている。「赤ずきん」の話であれば、赤ずきんをかわいがっている祖母が、そのような元型的な母の肯定的な面を示していると考えられる。祖母が森に住んでいることは、森が無意識の領域を示すと考えると、それは無意識の深層に存在する元型的な像を示していると考えられる。ところで、そのような甘い母＝娘結合の世界に住んでいた少女も、自立していくためには、母性の否定的な面を知らねばならない。それはちょうど、ヘンゼルとグレーテルが森で魔女に会ったのと同様のことである。ただ、これはベッテルハイムも指摘していることだが、赤ずきんのほうがグレーテルよりは年齢的に上の段階に達している。母性の否定的な面とは、母が何ものをも抱きしめ育ててくれる反面、その抱きしめる力が強すぎると、子供の自立を妨げ、結局は子供をのみ込んで死に至らしめるような側面である。狼はそれを表わしている。狼は何もかもをのみ込んでしまうのだ。

ところで、いかに甘美な母＝娘の世界に生きている少女でも、自立していくためには、母の否定的側面を知らねばならぬし、そのためには、まず母の決めたおきてを破る悪をなさねばならない。自立の裏には悪が存在し、そこには危険が伴う。ところで、少女に道草をすすめたのは狼であった。このあたりのことを考えると、狼に男性的な感じが生じてくる。それは母性のおきてに敵対するものだ。ここで、狼についてもう少し考えてみると、ベッテルハイムやフロムの指摘しているような面も否定できないと感じられてくる。そこで、狼を母であるとか、男性であるとか、一対一対応式に同定してしまうのは、そもそも無理があると考えてみてはどうであろうか。つまり、母＝娘結合の甘美な世界に住む少女にとって、狼は悪であり魅力的であるもの、少女の知らなかった魅力を有しつつ転落の危険性を十分に持つもの、いうなれば、少女の無意識そのものであり、恐ろしい母性と低い男性性の合成物なのである。そして、それとの接触を通じてはじめて少女の自立が生じるのである。

こうして、赤ずきんは狼の腹にのみ込まれてしまうが、このような死の経験の後に、再生へとつながってこそ、真の意味の発展が生じるのであり、このあたりはベッテルハイムとも同意見である。このような死の経験、あるいは極端な退行を、祖母とともに行ったこと、つまり肯定的な母性に守られつつ行ったことは、赤ずきんの再生に役立ったことであろう。そこに現われた狩人を肯定的な父性像として見ることは、ベッテルハイムと同様である。しかし、ここにおいても、個人的な父として見るよりは、元型的な母ののみ込む力に対抗し得る強さをもった父性原理を示しているものと見るであろう。父性の原理は、母性の何ものをものみ込んで一体化する機能に対して、切断の機能を第一としている。狩人は狼の腹を切断し、赤ずきんの再生をうながすのである。

以上極めて大まかにではあるが、一つの物語に対しても、学派の相異によって解釈が異なることを示した。どの派においても、思春期の少女の発達について述べていると考える点では一致しているが、その重点のおき方が異なってくる。フロムはそれを土台にひろく文化的な問題に拡大してしまうし、フロイト派は、父と娘というエディプス状況に焦点をあて、ユング派では家族関係よりは、少女の内面の元型的世界に注目し、母性の問題を前面に出してくる。これらは、いずれが正しいというよりは、このような多面的な解釈を可能とするところに昔話の特徴があり、そのいずれもが、それぞれの価値を持つというべきであろう。象徴は常に多層な解釈を許すものであり、われわれは個々に自らにとって意味のある解釈を試みることが可能であろう。

日本の昔話

今まで述べてきたような深層心理学の立場に立って、日本の昔話を見るとどうなるであろうか。この問題は極めて大きいものであり、筆者も年来考え続けているが、この少ないスペースに到底いいつくすことはできない。というのは、この仕事は単に深層心理学の手法を日本の昔話に適用する、というふうには運ばないからである。深層心理学というものは、人間の心の深層を扱うものなので、その研究者の主体の在り方が問題となってくる。深層心理学がフロイトやユングなどの西洋の学者によって始められたものである以上、それは西洋人の心性と切り離すことのできないものである。日本人の心性が、最近多くの日本人論が盛んとなったように、西洋人と異なるものであるならば、西洋流の手法やスタンダードをそのまま用いて解明を行っても、それはあまり意味がないのではないかと思われる。これが、もっともナイーブになされるときは、小沢俊夫氏が指摘しているように、[14]日本の民話は残酷であるというようなナンセンスな批判となってきたりする。だからといって、深層心理学の成果がすべて役に立たないというのではない。日本の特殊性を常に考慮にいれながら、深層心理学の知見を利用していくことになろうが、それは極めて困難なことである。このような自戒をしつつ、日本の昔話について気づいたことを述べてみよう。紙数の都合で断定的な表現になることと思うが、寛容されたい。

日本の昔話を外国のものと比較して、その特徴を探る研究は、小沢俊夫氏の精力的な活動によって、多くの興味深い結果を得ている。特に、小沢俊夫編『日本人と民話』[15]は、外国の昔話研究家の日本の昔話に対する考察を集めているので、参考になる点が多い。まず、これら外国の学者が多く指摘しているのは、日本の昔話が伝説に近いという事実である。小沢氏も「日本の場合には民話を現実と離れた、純粋なおとぎの世界として考えにくくて、現実の世界とおとぎの世界との境い目が溶けちゃっている」[16]と語っている。この点は心理学的に見れば、日本人の心性における意識と無意識の境界の不鮮明さを反映しているように思われる。

この点を明らかにするためには、日本人の意識構造について述べねばならないが、それについては他にも述べてきたので省略して、極めて図式的な表現をすると次ページの図のようになる。[17]西洋人の場合は、意識が無意識と明確に区別された存在として、その中心に確立された自我を持っている。しかしながら、人間の心は意識も無意識も含めた全体としての中心、自己を無意識に持っており、それと自我がいかにかかわりを持つかが大切なことである、とユングは主張する。このことは、本章のはじめに、確立された自我意識がいかにして内界との結びつきを持ち、全体性を回復するか、と述べたのと同様のことである。ところで、日本人の場合は、意識と無意識の境界が鮮明ではなく、意識も中心としての自我によって統合されてはいない。西洋人の目から見れば、それはしばしば日本人の主体性の無さや無責任性として非難される。しかし、日本人はむしろ、心の全体としての自己の存在に西洋人よりはよく気づいており、その意識は無意識内の一点、自己へと収斂される形態を持っているのではなかろうか。つまり、意識と無意識の境界も不鮮明なままで、漠然とした全体性を志向しているのである。

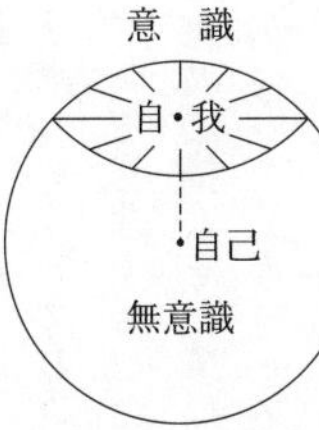

西洋人の意識

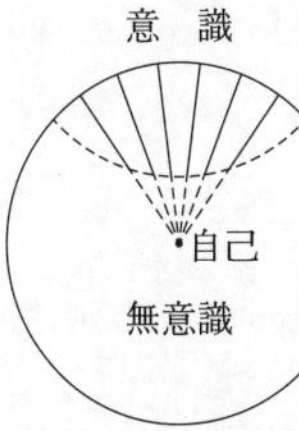

日本人の意識

　西洋人の場合は判然とした意識にとって、無意識の世界は「おとぎの国」として明確に区別される。それに対して、日本では現実と非現実、意識と無意識が交錯し、「おとぎの国」は容易に「この世」と結合して、話は伝説的となってくるのである。このような点は、日本人と西洋人というよりは、東洋人と西洋人として対比できることであろう。しかし、日本人は他の東洋人とは異なるのか、どのように異なるかとなってくると、昔話の比較をまだまだ精密に行わねばならないだろうし、ここには結論を差し控えたい。

境界を不鮮明にして全体性を求める態度は、日本人の自然に対する態度にも反映され、それはまた昔話の中にも示されている。日本の昔話において、「色彩とか四季折々の変化、いろいろな植物、動物など一切を含んだ風景が語り手の観念のなかで重要な地位を占めている」[18]と、西ドイツの昔話研究家、シェンダは指摘している。これに関連することとして、ソ連のチストフの語るエピソードは極めて示唆的である。彼が孫に「浦島太郎」の話をしているときであった。彼が、四方を春、夏、秋、冬の景色によって囲まれている華麗な竜宮城の描写をしている間、孫は興味を示さず、何か別のことを期待している様子なのに気がついた。チストフが問いただすと、孫は主人公の浦島が竜宮城の竜といつ戦うのかを期待していることを明らかにした。ここに、自然との一体感を大切にする国民性と、対象との戦いに重点をおく国民性の差が如実に示されている。確立した自我意識にとって、自然はいかにしてそれと戦い克服していくかという対象となるのである。

自然との一体感をもう少し押しすすめると、死というものが案外親しみやすいものとなる。死はある意味では、人間が自然という全体性へと還ることとさえ考えられるからである。このためもあってか、リューティのいうように、「日本の昔話にとって悲劇と死はヨーロッパの場合よりもっと馴じみの深いものです」[19]ということになる。彼は、「禁令の違反はヨーロッパの昔話の場合のように冒険をよびおこし、それによって主人公の身分が上がっていくということはまれで、ヨーロッパで言えばむしろ伝説の場合のように、すべてを失った無の状態に至るのです」[20]とも述べている。ここにリューティは明らかに、「すべてを失った無」を否定的に解釈している。しかし、「無」や「死」はそれほど否定的なものであろうか。日本人の心性はここにおいても、西洋人とはずいぶん異なっているのではなかろうか。

最後に、昔話における「結婚」の問題は極めて大きい問題である。西洋の昔話は王女と王子との結婚によってハッピーエンドに終るのが多いのに対して、日本の昔話には、それが数少ないことはだれしも気づくことである。[21]西洋人にとって、最終目標ともされる「結合」が、日本人にとってはなぜ大切なことではないのか、それに対する一つの解答は、既に述べたことから得られる。つまり、明確に確立した自我は、その統合性のために失われたものと、再結合することを必要とする。それに対して、漠然とした全体性に生きるものとして、何かと結合するということは、ほとんど問題とならないのである。

このようにいっても、日本にも結婚を最終目的とする昔話もある。あるいは、その相手にしても動物であったり、動物が人間に変身したものであったり、いろいろである。しかも、これにアジアの諸国の昔話も考慮にいれると、ますます複雑なことになってくる。これは今後の研究に待つとして、当面は以上述べたような、日本人の意識構造との関連による考察にとどめておきたい。

(1) リュティ、小沢俊夫訳『ヨーロッパの昔話―その形式と本質』岩崎美術社、一九六九。
(2) Von Friedrich von der Leyen, Traum und Märchen, in Wilhelm Laiblin (Hrsg.), Märchenforschung und Tiefenpsychologie, Wissenschaftliche Buchgesellschaft Damstadt, 1975.
(3) 河合隼雄「夢と昔話」、昔話研究懇話全編『昔話―研究と資料』第5号、三弥井書店、一九七六。
(4) ライエン、山室静訳『昔話とメルヘン』岩崎美術社、一九七一。
(5) ベッテルハイム、波多野完治・乾侑美子訳『昔話の魔力』評論社、一九七八。
(6) ベッテルハイム・河合隼雄対談「昔話と心の構造」、河合隼雄『人間の深層にひそむもの』大和書房、一九七九。
(7) たとえば、C. C. Jung, The Structure of the Psyche, in The Collected Works of C. G. Jung Vol. 8, Pantheon Books, 1960.
(8) von Franz, M.-L., An Introduction to the Psychology of Fairy Tales, Spring Publications, 1970.
(9) von Franz, ibid.
(10) Hedwig von Beit, Symbolik des Märchens. および Gegensatz und Erneuerung im Märchen,

Francke Verlag Bern, 1952, 1957.

(11) 河合隼雄『昔話の深層』福音館書店、一九七七。

(12) ベッテルハイム、前掲書。

(13) フロム、外林大作訳『夢の精神分析』創元新社、一九五二。

(14) 小沢俊夫『世界の民話』中公新書、一九七九。小沢氏は本書のあとがきの中で、残酷という点について、日本人と西洋人とでは受けとり方の異なることを示している。

(15) 小沢俊夫編『日本人と民話』ぎょうせい、一九七六。

(16) 小沢俊夫、前掲書。

(17) 河合隼雄『母性社会日本の病理』中央公論社、一九七六、参照。

(18) 小沢俊夫編、前掲書。

(19) 同右。

(20) 同右。

(21) この点に関連して、浦島太郎における乙姫の像について考察を試みたことがある。河合隼雄「浦島と乙姫—分析心理学的考察」、『母性社会日本の病理』中央公論社、一九七六、所収。

民話と幻想

幻想の世界

ここに与えられた課題を考察してゆく上において、民話も幻想もその概念の外縁が不明確であることに、まず気づかされる。民話と類似の用語に、昔話、おとぎ話があるし、伝説との関係はどうなるのかなどの問題も生じてくる。これらの用語については学者によっても異なるようであるが、本論では民話をできるだけひろく解して考察し、伝説についても必要なときは言及してゆこうと思う。

本論で民話をどのように規定するかは、それほど問題ではないと思われる。しかし「幻想」ということをどう考えるかは、本論の本質にかかわる事柄である。というよりは、以後に述べられる論議によって、ひとつの幻想論を展開しようとしていると言うべきかも知れない。

「幻想」について考える出発点として、まず、新村出編『広辞苑』（第一版）を引いてみることにしよう。そこには「現実にないことをあるように感ずる想念。とりとめもない想念。妄想」と書かれている。これは、幻想ということについての一般的な考えや態度を、はっきりと示しているものと思われる。それは「とりとめもない」ものであり、時には「妄想」とも同一視される。もっとも、われわれ心理学者は、このような用語の使用には厳格であり、妄想というときは、それが「訂正不能」な場合に限定している。つまり、その内容が外的現実と異なることを指摘しても、本人がそれを正しいと固執する場合である。もっとも、実際的にはこの判別もそれほど明確にはされ難いものであるが。

ところで、『広辞苑』に示されているような幻想に対する考え方は、それが「現実にないこと」という点で、どこか低く評価されている感じを与える。しかし、ここで、「現実にないこと」が、まったく現実に関係のないことと速断することは禁物である。幻想がどれほど「現実に関係している」かを示すために、ここにひとつの例をあげたい。

われわれ心理療法家は子供の治療をするときに、子供と一緒に遊ぶことが多い。自由な遊びを通じて子供の内面を理解するのであるが、このようなときに子供が「幻想の世界」を開示してくれることがよくある。次に示すのは、ある治療者が十歳の男子に行った遊戯療法の報告に示されているものである。[1] この子供は治療者を相手として、まったく劇的なお話を展開する。

砂場の一隅に彼の家が作られるが、これは外観は普通の家だが、その地下はウルトラホークの基地になっている。治療者の家は別にあるが、それがゴジラによって襲われる。そこで彼は治療者を薬で眠らせて、その間に地下基地が厳粛に浮上し、ゴジラをやっつけてしまう。治療者はそれを夢うつつの状態で眺めているが、目覚めたときは何もかも普通の状態になってゴジラがいなくなっている。同じことが繰り返されて、遂に治療者は不思議に思い彼の家に行くと、そこは誰もいず、内部は「ウルトラの国」になっている。治療者はあまりにも不思議だったので、彼の家の二重構造を「近所の人達」に話すが、誰にも信じられず嘲笑され、遂には自分の住むマンションから追い出されてしまう。

このお話にはテレビ文化の影響が十分に認められるとは言え、なかなか面白いお話を子供が演出するのに感心される人もあろう。しかも、この子供が極端な学業不振で、教室ではぼんやりと鉛筆を噛んで座っているだけの子供だと知ると、ますます驚かれるのではないだろうか。この子供は知能検査をしてみると、普通以上の知能をもっていることが解ったし、前記のような遊びの内容からみても、普通以上の能力をもった子供であることが推察される。

この子供の能力を知る治療者としては、そのことを彼の家族や学校などに伝えようと努力をするが、この子の普段の姿を見ている人々にとっては、それはどうしても信じることのできないことで、治療者の努力はまったくむなしいものとなってしまう。治療者はマンションから追い出されはしなかったものの、「近所の人達」の嘲笑の的にされることになった。

治療者はこのことを、「彼の遊びを自分に与えられた予言的な警告として痛切に思い出す」と記している。また、「セラピストは彼の内的世界を見た人間なのだが、それを充分に理解も出来ず、また、他の人々に彼の心を通訳しようとしても効を奏さない、哀れな通訳者なのである」とも述べている。

　このような例に接すると、われわれは幻想を、現実と無関係のものとか、「とりとめもない」ものとして簡単に棄て去るわけにはいかないのである。しかも、このような子供達と遊戯療法の場面で接するとき、われわれは彼らの幻想の世界のもつ迫力に打たれることが多い。われわれはただその強さに引きずられ、彼の幻想の世界の一員として、彼の命じるままに動くしかない。そこでは、こちらの主体性を働かせて行動することが非常に困難であることを感じるのである。このようなとき、われわれは、幻想の世界のもつ自律性ということを感じざるを得ない。それはそれなりの法則に従って動いており、われわれはそれを自由にコントロールできない、嵐の中の小舟のようなものである。

　幻想の世界と現実とのかかわりを示す他の例として、ユング派の分析家のディークマンが、ノイローゼの患者について、その人が幼時に好きであった物語とその人の症状や生活史との関連が深いことを示す論文を書いている。[2] ディークマンの取りあげている例は、民話のみならず、アンデルセンの童話なども含まれているが、幼児期にある人の心をとらえた幻想の世界が、その人のその後の生き方と深く関連していることを明らかにして、興味深いものである。

民話・夢・幻想

幻想の世界が、われわれにとって重要なものであり、それ自身の法則を有するほどの存在であることを示したが、これについてもう少し詳しく考えてみよう。

最近における深層心理学の発展によって、われわれは人間の心には自ら意識し得る範囲を超えて、無意識的な心的過程が存在することを認めるようになってきた。外界をわれわれの心は認知し意識する。しかし、それは外界そのものではない。それは外界をわれわれなりに意識し把握したものである。外界に対する人間の認知の方法と、それを利用して逆に外界に働きかけてゆくことは大いに発展し、自然科学の体系として人間の意識を豊富にしてきた。

これに対して、筆者は人間の内界というものもまた存在すると考えている。既にあげた子供の遊びの例において、治療者は「内的事実」という表現を用いているが、それも同様のことを指すと考えられる。ただここで少し厳密な言い方をすると、ある個人が自分の内界をその人なりに意識し把握したことと、内界そのものとを区別しなくてはならないだろう。それはわれわれが外界そのものと、外界を意識し認知していることを分けて考えるのと同様である。そこで、われわれの意識内容はある程度の統合された体系をもち、それが各人の自我を形成している。自我は内界と外界を認知し、それらの調和の上に立って存在しているが、外界にも急激な変化が生じるように、内界においても変化があり、それらを自我が把握するとき、それは多く「幻想」という形態をとることになる。

自我は特に覚醒時には外界の認知が重要なので、もっぱらそちらの方に比重をかけているが、睡眠時には、むしろ内界に対して「目を開く」ことになる。かくて、夢はわれわれがその内界を知るための強力な手段となってくる。次に、民話との関連を考える上において好都合と思われる夢をひとつ示す。これは既に発表したものであるが、[3]民話的な主題をもつものとして適しているので、ここに取りあげることにした。この夢を見た人は四十歳代の女性である。

「(夢の前半はどこかで講義を聞いているところ、帰るときにその先生がいたずらっぽい顔をして『狼が出るぞ!』という) 私は一人で別の方へ帰る。ガラス障子でとり囲んだ縁側が座敷のまわりにあって、私はそこへ出て来る。そこから外へ出るつもり。お寺の座敷のような感じ。何だか寝ている。見ると白い狼の子、やあいるな! と思う。もう一匹先のとがった耳をした灰色と白のまじった狼の子がいる。耳が灰色で目がするどく、その狼の方が活発そう。もう二匹共ちゃんと座ってこっちを見ている。私はその二匹に何やかや言って煙にまいて、ぽかんとしている二匹の頭をなで、そのあとで頭をぽんとたたいて『ちゃんと番をしてたら、たんと桃の実ができるからね』と言う。二匹は神妙にしている。私は急いで外に出て、外からガラス戸をきちっと閉める。嚙まれると怖いから。そして山を下りてゆく。

山道の途中で下から上って来る旅人に化けた親狼に出会う。旅人は挨拶して『途中で狼にお会いになりませんでしたか？』ときく。もし私が弱いものだったらすぐ食べてしまうつもり。私は『会ったとも！　二匹来たから一匹ずつ団子にしてペローリ、団子にしてペローリと食べてしもうたわ、うまかったな！』と言って手の平で団子を丸める真似をする。それからまた私は『あんまりうまかったので、もし途中で親狼に出会ったら、団子にしてペローリとやりたいと思ってる』という。旅人は私の手を嗅いでみて、本当に狼の臭いがするのですっかり本当にして、びっくり仰天する。そして食べられたら大変だと思って大急ぎで『さようなら』と出て行ってしまう。

私は親狼に気づかれないようにまた引き返して、さっきの家まで行ってしのびこむ。そして馬鹿な狼共をいいかげんなぶってから、雨が降って夜になって、真暗になって、しかも家中に水がついたとき、長い棒で遠くから一匹ずつ狼の頭をなぐる。狼は『おやお前たたいたな』、『お前こそだ』と言い合って、みなお互いにけんかを始める。その間に私はみかんを山ほど、私の前掛に包み込んで、その家をゆうゆうとぬけ出て帰る。」

この夢の主人公は狼をうまくだましてやっつけてしまうが、その愉快な有様は民話さながらのおもむきを感じさせる。狼の親の方も旅人に化けたりして、人間をだまそうとするのだが、主人公の方の知恵がはるかにそれにまさっていて、狼を散々な目に合わせる。これは、人間をよくだます狐を逆にだました民話の主人公の彦市どんの話などを思い起こさせる。[4] この夢を見た人は、まったく真面目で冗談やいたずらなどとは程遠い生き方をしてきた人である。あまりにも人間の自然の感情の流れを抑制して、真面目に生きようとし過ぎたため、この人は神経症的な症状に悩まされるが、長い分析を経た後に、この夢が生じてきたのである。この夢を見て、この人は非常に快適な気分を味わったと言うが、まったく、この夢は自然の笑いをさそうものをもっている。

　この夢をこの人の「内界」の状態を示すものとしてみるならば、この夢の中の狼は、この人の心の中の動物的な、それも荒々しい側面を示しているものと思われる。そのような面とは「切れた」存在として、この人の抑制の強い自我は神経症に悩まされていたが、それを克服してゆく上において、内界にひとつの変化が生じてきたことを、この夢は示している。自我は動物的な側面との接触を回復する。しかし、親狼が人間の弱さにつけこんで食べてしまおうとしているように、もし自我が弱いときは、この動物的な傾向は自我を崩壊せしめるほどの強さをもっていることが示されている。幸にも、主人公の知恵はそれを上まわり、彼女はこれらの仕事の後で文字どおり望ましい果実を得て（みかんを山ほど獲得して）、狼の家を去ることができたのである。

このように見てゆくと、このような「幻想」の物語が人間の内界を記述するのに、真にふさわしいことが納得されるであろう。これは、ある個人のある時の内界を記述するものであるが、このようにして生じてきた幻想が、個人的体験を超えて、何らかの普遍性を持つとき、それは人々の間に語りつがれて定着してゆくことが考えられる。時にはある個人の夢や幻想体験が基となって、民話や祭式などができることさえあることを、ユング派の分析家で昔話の研究家であるフォン・フランツは指摘している。[5] かといって、多くの民話がすべて夢と関連しているという暴論を吐くつもりはない。ここに強調したいことは、それが内界の記述という点において、似通った心理的機能を有しているということである。

このような観点から見れば、夢と民話は人間の無意識界についての情報を提供する共通の資源と考えられる。もっとも、夢の場合は、その夢を見た個人の状態に影響されるが、民話の場合はそれの生まれてきた文化や時代の影響を受けていると考えられる。その民話が時代や文化を超えて存在するとき、その内包するものは、人類にとって共通の要素を多くもっていると考えられる。

全体性の回復

人間の自我は外界を認知し、それについての体系的な知識を有するのみではなく、その内界に対しても開かれ、それとよき接触をもつことが必要である。さもなければ、われわれの自我存在は根無し草のように、頼りないものとなってしまう。

　福田晃氏は山村における調査を重ねてゆくうちに、多くの人達が未だに、河童などの「妖怪」の存在を信じている事実に触れ、「大都会の生活にもふれ、近代兵器を手にする青年が、山間に幻想された妖怪を依然として信じていることの意味は何であろうか」と問うている。[6] そして彼は「やはりそれは共同の体験なればこそ継承保持される心意であったと言わねばなるまい。が、しかし、その根因として、かかる山間の生活が、所詮は自然の神の声を聞かずには、一日とても許されぬものであったということを挙げねばならないと思うのである」と述べている。つまり、この山村における妖怪たちは、人々がいかに近代的な機械文明に接しようとも、なおその山深い村の中に全体として切り離されることなく存在してゆくためには、どうしても必要なものであった。これによって、人々は自然と断絶した存在とはならず、「自然の神の声」を聞くことができたのである。

　このことは、先に例としてあげた女性が、その自我と内界との接触を回復するために、民話の世界さながらの、狼たちと活劇を演じる夢を見なければならなかった意味を明確にするものである。彼女は狼をだましたり、たたいたり、笑ったりしながら、自分の肉体性を取りもどす体験をしている。常に規範を守り抑制して生きてゆく生き方は、ここに忘れられていた半面を得て、その全体を回復する。幻想の世界は、人間の意識が合理的に論理的にその体系を構築しようとするとき、その存在を深く基礎づけ、全体性を回復させる働きをもって出現するのである。

ここで注目すべきことは、妖怪の存在を信じている人々を批判することは容易であるし、われわれ近代人は簡単に今さら、河童の存在を信じることができないということである。妖怪の存在をそのまま信じることは、外界と内界の事実を容易に混同していることとして非難される。特に、近代の自然科学の発展によって、われわれの外界に対する知識は極めて正確となり、そこに内的事実を投影することが非常に困難となってきた。しかしながら、幻想の世界を、それが外的事実と異なるという理由によって、全否定するならば、その失うところはあまりにも大である。幻想を全否定した近代人は神経症という怪物に悩まねばならない。

たとえば、最近よくある癌恐怖症などはその典型であろう。癌になっていないのに、自分勝手にそう信じこんで心配する。医者の診断を信じられず、あちこちの医者をわたり歩く。確かに癌という病気が存在することは近代科学によって証明されている。しかし、彼が癌であるということは「幻想」である。妖怪の存在を全否定し、近代的に生きているはずの人が、そのような「幻想」を支えとして生きてゆかねばならないのだから、真に情ない話である。これも言い方を変えれば、この人生の半面のみを生きている人の全体性を回復せしめるための、心の内界からの一つの反応とみることができるが、あまりにも貧困な

「幻想の世界」と言わねばならない。

　われわれ心理療法家としては、このような人に対して、癌を恐れるのではなく、恐るべき妖怪がいかに彼の内界に存在しているかを共につきとめ、豊かな幻想の世界を見出すことによって、彼の外界を裏打ちしてゆこうと努めるのである。

　一時民話ブームとでも言うべき傾向があり、それも消滅したかに思えたが、民話に対する関心はその後もずっと続いており、現在ではまた静かなブームとでも言いたい落ちつきをもって、その関心の高まりが認められる。これはおそらく、今まで述べてきたように、現代のあまりにも一面化した意識を補償し、全体性を回復しようとする人間の無意識的な希求の顕現と見てよいのではなかろうか。今世紀において、『指輪物語』という途方もない幻想の世界を創り出し、多くの人々の心をとらえたトールキンは、回復ということについて興味深いことを述べている。[7]

「回復とは（健康の回復と再生とを含めて）とりもどすこと——曇りのない視野をとりもどすことです。とはいうものの、私はそれが『ものをあるがままにみること』であるなどといって、哲学者たちの仲間に加わろうとは思いません。あえていうなら『私たちがみるように定められているようにみる』——私たちと切離してものをみる、ということになりましょうか。私たちは窓をきれいにすることが必要です。」

　このような目をもって、われわれが幻想の世界を見るとき、それは現代人にとってかけがえのない知識を供給してくれることになろう。そして、民話こそは時代を超えて人間に共通な、人間の内界の事実を物語るものとして、得難い資料であることが明らかになるであろう。民話に対してこのような視線をもって接するとき、それは、民話ブームを単なる逃避や、珍奇なものへの関心などに陥らせることなく、現代人の全体性を回復しようとする働きとしての重要な意味をそこに見出すことになろう。そのためには、幻想をとりとめもないものとするような「曇った窓をきれいに」して、「私たちがみるように定められているように」、民話の世界を見直すことが必要であろう。

（1）菅佐和子「ある少年の事例―砂場に築かれた世界」、『京都大学教育学部心理教育相談室紀要』3、一九七六。
（2）Dieckmann, H., The favourite fairy-tale of childhood, J. of Analytical Psychology, 16. 1, 1971.
（3）河合隼雄『影の現象学』思索社、一九七六。
（4）たとえば、「石肥三年」、関敬吾編『一寸法師・さるかに合戦・浦島太郎』岩波書店、一九五七、など。
（5）von Franz, M.-L., An Introduction to the Psychology of Fairy Tales, Spring Publications, 1970.
（6）福田晃「妖怪とはなにか」、『伝統と現代　三十八号　総特集＝民話』伝統と現代社、一九七六。

（7）Tolkien, J. R., On Fairy Stories, George Allen & Unwin Ltd, 1964.（猪熊葉子訳『ファンタジーの世界―妖精物語について』福音館書店、一九七三。）

「うさぎ穴」の意味するもの

落し穴

一八六五年のことである。少女のアリスは大変なことを見てしまった。「ウサギがチョッキのポケットから、懐中時計をとり出して、時間を見て、また、とっとといそいでゆく」[1]のを見たのである。彼女はその前に、うさぎが「ああたいへんだ！　たいへんだ！　これではまにあわないぞ！」などとひとりごとを言っているのを聞いたときは、「べつにとてもかわったことだとも思わなかった」のだが、懐中時計には驚いてしまったのだ。人間にしても、昔は懐中時計などというものを持っていなかった。太陽や月や、鳥や風や、自然が告げてくれる「とき」に従って生きていたのである。ところが、時計というものが普及して以来、人間は時計の針に縛られて生きるようになってしまったのだ。その時計を、うさぎが持っている！

アリスは珍しくてたまらなくなり、うさぎを追いかける。そのうさぎが、生け垣の下のうさぎ穴にとびこむのを見て、「すぐさまアリスも、つづいて穴へとびこみました。いったい、どうやったらまた出てこられるかなどということは少しも考えないで」ということになってしまう。

うさぎ穴にとびこんだアリスが、どんな「ふしぎ」な体験をしたかを、ここに述べる必要はないだろう。本書の読者でそれを知らない人など、まずいないことであろう。それにしても、アリスを珍しがらせた、うさぎの時計はまったくの食わせものだったらしく、「うさぎ穴」の世界では、時間も空間も、この世の法則とは異なっていたようだ。うさぎ穴の世界では、アリスが後に出会った三月うさぎが持っていたような、バターをぬったり、お茶につけたりして使用する時計の方が、ふさわしいように思われる。

うさぎ穴の世界では、この世で、ものごとを定位するのに重要視される、時間と空間の仕組みがまったく異なっている。ところで、アリスの住んでいたイギリスという国は、うさぎ穴の多いところと見えて、その世界を描き出した名手たちがたくさんいる。もちろん、どの穴から這入ったかによって、その世界もさまざまであるが、いわゆる妖精物語の作者たちなども、その中の一種であろう。妖精物語の中では、主人公は空を飛んだり、動物と話し合ったり、この世の法則を超えて自由に行動する。ところで、その妖精物語の偉大な作者であるトールキンは、彼の描き出す世界について、次のような興味深いことを述べている。[2]

「妖精の国は危険なところです。そこには不注意な者には、落し穴が、無鉄砲な者には、地下牢が待ちうけています。……それまでの私は、たかだかこの国をさまよい歩き、そこにみちている驚異を体験はしても、有用な知識を得ることのなかった探険家（あるいは侵入者）であるにすぎませんでした。」

あの壮大な『指輪物語』の作者の言としては謙虚に過ぎる感があるが、実際に妖精の国を知ると、このように言いたくなるのであろう。「どうやったらまた出てこられるかなどということは少しも考えないで」うさぎ穴にとびこんだアリスが、落し穴にも地下牢にも閉じこめられずに帰って来られたのは、まったく幸運なことであったが、あの頃は、うさぎ穴の出入りも現代よりは危険性が少なかったのかも知れないし、アリスのお話から窺えるように、アリスという少女が非凡であったためかも知れない。それにしても、一八六五年よりもっと以前、つまり、「昔々」の時代には、うさぎ穴の世界も此の世も入り混っていたように感じられる。そんなときに、人々は今よりは、はるかに自然と密着した生活をしていたのであろう。ところが、西洋に発展した自然科学は、そのような世界を此の世から、だんだんとよそに押しやって、「うさぎ穴」に出入りできる特別な人だけが、そこの世界へゆけるようになったように思われる。

「うさぎ穴」から帰ってきた人は、それを妖精物語という枠にはめて語るのであるが、妖精物語の栄えるイギリスにおいて、『オックスフォード大辞典』によれば、それは妖精についての物語であるという定義のみならず、「非現実的な、信じがたい物語、そして、まやかしものである」と記されているという。[3] つまり、自然科学の君臨するこの世においては、それは「まやかし」ものとしてのみ、存在する場所を与えられているのである。しかし、現代、この世において、「まやかし」としてではなく、そのような世界に触れた人はどうなるだろうか。

秘　密

一九五八年というとずいぶん最近のことである。アリスの時から約百年近く経っている。これも主人公はイギリス人だが、少年のトム・ロングはふしぎな体験をする。[4] といっても、これは別に、うさぎ穴の中の事件でもないし、妖精の国の物語でもない。現代のイギリスの小都市の、普通の住宅地で起ったことである。少年トムは、弟のピーターがはしかになったので、アランおじさんの家に隔離されることになる。折角楽しみにしていた夏休の間、親兄弟から離れて、面白くもない家ですごさねばならなくなって、少年はまったく不機嫌である。ところが、ここでも時計が話のはじまりに大きい役割を演じるのである。つまり、トムは真夜中に階下の大時計が十三時を打つのを聞いたのだ。

われわれが普通に持っている時計は、十二時までである。それは十二によって、ひとつの完結を示す。ところが、トムの聞いた時計の音は、それを超えてしまったのだ。それに、トムのようにキリスト教国の人にとっては、十三という数は不吉な感じを抱かせるものでもあろう。しかし、十三人目のユダの存在なしにキリストの神話が完結しないように、十三という「とき」をもってこそ、われわれの存在も完結されるのかも知れない。しかし、そのためには、十二が示しているような、ひとつの完結性は破られねばならないのだ。十三時の時計の音を聞いて、階下に降りていったトムは、裏口をあけてみて、そこに美しい庭を見出したのだ。裏口から外へ出たところで、ただがらくた入れの箱などがあるだけだと、アランおじさんに聞かされていたトムは、庭を見て驚くと同時に、おじさんがうそをついていたと思って憤慨する。しかし、朝になって調べてみると、実際はおじさんの言ったとおりで、トムが真夜中に見た庭はそこには存在していなかったのである。トムはふしぎさに参ってしまいそうになるが、十三時を打つ時計が鍵であると考え、その次の夜から、時計が十三時を打つのを待って裏口をあけ、そこに「存在する」庭へと遊びに出るようになる。

トムはこの庭で少女ハティと知り合って、ますます真夜中の庭の世界に惹きつけられてしまう。アランおじさんの家に留まることを嫌っていた彼は、しまいにはなるだけそこにいたいと思うようになる。ピーターのはしかも治ったし、トムが喜んで帰ってくるものとばかり思っていた彼の両親は、少年が帰らずにアランおじさんの家にいたがっていると知って不安になってくる。トムがなぜそんなことを言いだすのか解らなかったからである。

このことはずいぶんと興味深いことである。少年は両親にとって計り知れぬ秘密の世界を持ち、それ故にこそ、彼はもはや常に両親の側にいることを最大の幸福であるとは考えない人間になっているのである。つまり、少年は以前よりも自立的な人間になっている。「人間にとって大切な『個』としての感情を強めるには、その人が守ることを誓った秘密をもつことが一番いい方法である」と精神療法家ユングは、その『自伝』の中で述べている。[5] そして、このような秘密をもつとき、「多分生涯において初めて、自分自身が主人であると思いこんでいた自分のもっとも個人的な領域の中に、自分よりもより強力な他者の存在することを、目のあたりに顕示されることになる」と述べている。確かに、トムは彼の秘密の庭には、ハティという女性が存在することを目のあたりに見、しかも、ハティは彼の意志や時間の制約を超えて、自由に活動するのである。

　自然科学の発達によって、人間は多くの事象を説明し、理解することができるようになった。人間がどのようにして生まれてくるかという点に対しても、少年たちでさえ既にほとんどその「秘密」を知っているのではないだろうか。何もかもが解ってしまって、秘密は残されていないように思われる。しかし、考えてみると、このような自然科学の知識は、人間というものがどうして生まれてくるかを説明するものではあっても、トム・ロングという個人が、どうして他ならぬトム・ロングとして、この時この場所に存在することになったかを説明してくれるものではない。私という人間が他ならぬ私として存在するという確信をもつこと、言い換えると、私という人間が生きてゆく「意味」を見出すこと、これについては自然科学は解答を与えてくれず、各人は各人にふさわしい方法で、それを見出さねばならない。つまり、個人は各自にかけがえのないものとしての秘密をもたねばならない。

トムの体験した「真夜中の庭」はそのような秘密を彼に提供するものであった。日常の十二時間に加えて、十三番目の「とき」――それは永遠にも通じるように感じられた――が存在してはじめて、トム・ロングの存在は完結性をもつのである。トムはあれほど帰りたいと思っていた両親の家を離れて、一人ですごすことのできる魅力をそなえた世界を見出したのである。生きることの意味などというものは、言語や論理によって簡単に説明し得るものではない。トムにとっては、真夜中の庭と、その住人である少女ハティとして顕現された世界こそ、彼に生きることの意味を与えてくれるものであった。

老婆心ながら、このような「秘密」の世界は、もちろん危険性も十分にもつものであり、トールキンの言うように、落し穴と地下牢に満ちていることを再びつけ加えておきたい。十三時の世界に這入り、日常の世界とのつながりを忘れたものには破滅があるだけである。

目に見えぬ亀裂

トムの体験した、日常と非日常の世界は、十三時を打つ時計の音によっても区切られているが、裏口へ通じる扉によっても区切られている。換言すると、日常の世界から非日常の世界へと通じる「通路」が設定されているわけであるが、この点について、上野瞭は児童文学についての興味深い評論の中で、「物語のなかの『通路』が、信仰の退潮と相前後して生まれてきた」[6]と指摘している。これはなかなかの卓見であるし、筆者の論もこれと同様とも言えるのだが、少しニュアンスが異なってくる。すなわち、上野は一八六三年のチャールズ・キングスレイによる『水の子』[7]を例にとり、そこに、「信仰退潮の現実世界と信仰の世界」という二つの分化した世界の存在を指摘し、それを結ぶ「通路」の必要性を論じている。このような言い方は、下手をすると、「うさぎ穴」の世界が信仰の、従って、神の世界であるという錯覚を起こさせるのではないだろうか。筆者もそれが深い意味における「宗教性」と関連する世界であることを認めるものである。しかし、それは神の世界であると同時に悪魔の世界でもあると思うのだ。

「通路」が児童文学の世界に設定され始めたときを、信仰の退潮へとすぐに結びつけるのではなく、西洋の近代合理主義の台頭へと関連づけた方が望ましいように思う。結局は同じことだと言われそうだが、西洋における信仰の世界は、こちらで想像しているほど簡単に「退潮」していったのではないように思われる。合理主義はむしろ、プロテスタンティズムと結びついて、それは信仰を失うどころか、むしろ、違った意味でそれを強化したとも言えないだろうか。プロテスタントの峻厳な教理は、西洋の世界の非神話化をもたらし、確かにそこには「信仰」は存在するが、非合理な魅惑をもたらすものは、あちらの世界へと追いやってしまったのではなかろうか。つまり、こちらの世界にも信仰はあったのだ。しかし、それは「まやかし」をできる限り排除した信仰であろうとしたのである。はたして、そんなことが可能であろうか。

アリスや『水の子』の時代はまだよかった。現在においては、人々はどのような信仰であれ、「まやかし」と感じ始めたのではないだろうか。こちらの世界で「まやかし」とされることは、どんどんあちらの世界へ送りこまれ、あちらの世界からこちらへ至る「通路」は、ほとんど閉ざされたままである。かくして、人口過剰となったあちらの世界からこちらの世界へ向って、深い亀裂が走ることになった。われわれの今生きている世界には、目に見えない深い亀裂がはいっている。

目に見えない亀裂に足をとられた子どもたちは、命を失ったり、必死でそこから逃れようとあがき続ける。亀裂が見えない大人たちは、それを「子どもの自殺」「家庭内暴力」の増加という新聞記事として見て、この頃の子どもは不可解だと首をかしげるだけである。「目に見えぬ亀裂」の恐ろしさを描き出しているものとして、ル＝グィンの『さいはての島へ―ゲド戦記Ⅲ』[8]を取りあげてみたい。ゲドの物語については既に他に論じたことがあるので[9]、ここでは全体には言及せず、本題に関連することにのみ少し触れることにしたい。この物語が書かれたのは一九七二年であるが、物語自身はこの世には簡単に定位できぬ

「アースシーの世界」のこととして語られている。ところで、このアースシーの世界で、何となくすべてのことがうまくゆかなくなるのである。それを端的に示している一例をあげると、ローバネリーというところは織物の産地として有名なのであるが、そこの織物はどこか何かがおかしいのである。仕上がってくる織物は色も形も昔のものとどう違っているとは言えないが、何かが足りない。いかさまだとは感じるのだが、さりとてそれを証明することができないのである。これが筆者の言いたい「目に見えない亀裂」の現象である。現在の人々の深く計り難い不安は、このようなものではなかろうか。あると言えば物質的にはいろんなものがありすぎるほどある。しかし、どこか名状し難い物足りなさ、不安が底流している。

　ゲドの物語は、このような亀裂は、永遠の生を願う人間の希望をそのまま具現して、死の世界より生の世界へと戻ってくることのできる道を開けたものがあり、そのために全世界の均衡が狂ってしまったことが原因であると述べている。生の世界と死の世界が分けられているとき、この世は生命力に満ちた均衡の世界となる。しかし、生と死の世界が区別を失うとき、世界はまったく平均化された静止、無の状態になってしまう。そこには、無気力、無感動が漂うことになる。

　合理化された世界が肥大し、非合理の世界など無いのだとさえ思ったとき、そして、あちらの世界への通路をさえ絶ち切ってしまったとき、逆に、こちらの世界には大きい亀裂がはいり、あちらのものがこちらに知らぬ間に混りこんでしまっているのが、現在の状況ではなかろうか。それを、ル＝グィンは見事に描いていると思われる。

昔々……のことではなく

このように言っても、「アースシーの世界」は、しょせんファンタジーという「まやかし」の世界であると思う人もあろう。そのような人のために、ここに現実の話をひとつ取りあげることにしよう。

リヒターの『あのころはフリードリヒがいた』[10]は、この世の、しかもつい最近の事を描いたものである。作者の「ぼく」もフリードリヒも一九二五年に生まれた。「ぼく」はインフレにおののく貧しいドイツ人の家の子どもである。フリードリヒの家はそれよりは少しましな、といっても決して裕福とは言えぬ家である。初めの数章は貧しいながらも、心の暖まる、フリードリヒと「ぼく」の家の交流が語られる。しかし、一九三三年頃より事態は急激に変化してくる。フリードリヒの家族がユダヤ人であったためである。この本の訳者は、あとがきの中で、「読み続けるのが辛くてたまらなかったのも事実です。でも、先を読まずにはいられませんでした」と記しているが、これは、この本を読む者が等しく抱く感情であろう。読み続けてゆくのに従って、われわれは胸をしめつける鋼の輪が、徐々に体に食いこんでくるかのような傷みを感じる。愛らしいフリードリヒの身の上に、次々と重圧がかけられ、良心的な「ぼく」と「ぼくの家族」にしても、ほとんど助けの手をさしのべることはできないのである。

フリードリヒを苦しめて猛威をふるうものは、まったく非合理なものである。しかも、誰もそれに抗することはできないのだ。最後になって、空襲下の防空壕に避難した人々は、ナチスに魂を奪われた防空委員長が、フリードリヒがユダヤ人だというので、壕に這入るのを拒絶したとき、それに抗することができなかった。そして、フリードリヒは死亡した。

筆者にはこの本の題名、『あのころはフリードリヒがいた』(Damals war es Friedrich) は、昔話の冒頭に語られる、「昔々」(Es war einmal) を踏まえているように感じられる。既に述べたように、人間が動物と話し合ったりするような、あり得ないことでも、それが「昔々」(einmal) のことと解ると、人々は納得がいく。しかし、このフリードリヒの話はどうであろうか。この話を読んで「こんなことは、あり得ないことだ」と感じる人が多いだろう。しかし、その「あり得ない」ことが、昔々ではなく、はっきりと特定し得る時(damals) に起ったのである。この本の各章の見出しの下には（　）の中に、そのときの年代が、一九三三、一九三四、のように書きこんであるのが特徴である。付録につけられた、詳細な年表と註は、この物語がこの世界で確実に生じたものであることを、われわれに、いやおうなく解らせてくれる。これは、時計が十三を打つことはあり得ない世界のことなのだ。

カイヨワは、妖精物語と比較して、幻想的小説は、その中における超自然的なものが、「あり得ないことは起こり得ないということに定義によって決められている世界に突然起った、あり得ないことなのである」[11]と述べている。フリードリヒの悲劇は、われわれに「あり得ないこと」という実感を与える。しかし、この話は妖精物語でも幻想的小説でもない。本当にあった現実世界の話である。

フリードリヒの悲劇を踏まえて、次の文章を読んでみよう。「竜がごうっとまいおり、飛びすぎてまためぐってくるそのたびに、火は木はだぶきの屋根や、はりのつき出たところからもえひろがりました。竜のおそってくるあいまに水をかけても、かいがありません。……官邸の大屋根がくずれて、吹きとびました。消せなくなった炎が夜のやみのあちこちに高くもえあがりました。竜が降下するたびに、あの家この家が火につつまれて、くずれおちました」[12]。

これは、トールキンの有名な妖精物語『ホビットの冒険』の一節である。しかし、この光景は、フリードリヒが空襲下に命を失うときに体験したこと、ほとんどそのままではないだろうか。こんな点から考えると、あちらの世界の物語と、こちらの世界の物語を分類することさえ無意味なように思えるのである。フリードリヒが死んだとき、「うさぎ穴」——人工のお粗末な地下壕——に這入っている人々は安全であり、穴の外にいたフリードリヒこそが悪魔や竜の荒れ狂う姿を見たのである。つまり、ここでは、穴の外が普通の世界で、穴の中には悪魔がいるというのではなく、むしろ逆転してしまっているのだ。こちらの世界には、「まやかし」ものなどいないどころか、むしろ、まやかしに満ちているとさえ言えることを、『あのころはフリードリヒがいた』は、如実に描き出しているのである。

子どもの目

　今まで述べてきた点から考えてみると、現在では、はじめに「うさぎ穴」の世界として記述した世界は、どこかに「他界」として存在するのではなく、むしろ、この世と渾然一体としているのではないかと思われる。それも、「昔々」の時代とは異なって、多くの人は、そのようなことに気づかずにいるのだが、「うさぎ穴」の世界を見ることのできる人にとってだけ、それが見えるのではないかとさえ思われる。「うさぎ穴」の世界がこの世にまで侵入してきて、ものを見る目をもつ人ともたぬ人とでは、それに対する対処の仕方がどれほど異なるかを、ミヒャエル・エンデの『モモ』[13]は見事に描き出しているように思われる。これはフリードリヒの住んでいた国ドイツの作家によって一九七三年に書かれたものである。

　この素晴らしい物語をここに紹介するための紙数は残念ながら、あまり残されていない。しかし、『モモ』という題名の下に書かれている、「時間どろぼうとぬすまれた時間を人間にとりかえしてくれた女の子のふしぎな物語」という言葉によっても、どんな物語なのか少しは推察がつくだろう。ここでも時間が問題となっている。「うさぎ穴」の話と時間の問題は切っても切れない関係をもっているようだ。実際、『モモ』のお話の中心テーマは時間なのである。

社会全体の管理と画一化がすすみ、たとえば、日本中の人が同じ時刻に起床、同じ朝食をたべ、同じ服を着るようにする、ということにでもなれば、多くの人は必死に抵抗するだろう。「個人」の重要さを人々は主張することだろう。しかし、このような人たちでも、すべての人がまったく「同一の時間」を生きている、ということを承認している人が多い。一分間は誰にとっても一分間、午後の一時は日本のすべての人にとっても午後一時。確かにそう言えばそうである。しかし、はたしてそうだろうか。そして、この事実を自明のこととすることによって、人間の画一化、個性の磨滅の第一歩が始まっているのではないだろうか。それは、すべてのものの価値を均質化し、一直線上に並べられるような錯覚を起こさせる「お金」と同じ力をもっている。実際、『モモ』のお話では、時間をお金と同じように節約し、貯蓄するというアイデアが中心となるのである。

人々は時間泥棒の甘言に乗って、時間を節約しようとし、血まなこになって働き、そこに自分の人間性を失ってゆく。「進歩」と「能率」を標語にして、「遊び」を失い、個性を失ってゆく人々の姿が、『モモ』には見事に描写されている。

狂奔する人々の中で、モモだけは時間泥棒の誘いに乗らなかった。彼女には真実が見えた。人々の「目に見えぬ亀裂」が、モモには時間泥棒の策略としてはっきりと見えたのである。時間には個人によって異なり、決して均質化されぬ面もあることを彼女は知っていた。そして、素晴らしいことに、彼女は、「自分の時間」を見たのである。長くなるので引用できないが、彼女の見た、彼女の時間の描写は、この本の圧巻をなしている。自分の時間を見たもの、その人こそが「個」を確立したものである。少年トムの見た庭のように、それこそ、少女のモモの「個」を支える最大の秘密である。しかし、秘密を知ったものは孤独に耐えねばならない。モモはその孤独にも耐えて、最後は人々を幸福にするのだが、そのあたりのことは省略する。

　ここで大切なことは、すべての人が時間の節約に夢中になっているときに、モモのみが真実を見ていたということである。画一化された社会で、皆が個性を失ってゆきつつあることをはっきりと悟らせたモモ、そのことを書いたモモのお話は「まやかし」であろうか。フリードリヒの話は「現実」の話であった。その話を進めてゆく、歯車のように正確に動く「時間」は画一化されたものであった。すべての人がその時間に乗り、そこから排除されたフリードリヒたちを殺戮していったとき、その組織の頂上に立っていたヒットラーを、「まやかしもの」と呼んではいけないのだろうか。少年の「ぼく」の目は冷静に、その軌跡をとらえ、われわれに示してくれている。

ここまで書いてきて、筆者にはっきりと解ったことは、「うさぎ穴」とは、トムやモモたちのように、真実を見る力をもった透徹した「子どもの目」ではないか、ということである。「うさぎ穴」の世界が、この世の上にあるわけでも下にあるわけでもない。しかし、この世を、このような「子どもの目」によって見るとき、そこに大人たちが見あきている世界とは異なる世界が見えてくるのではなかろうか。それこそが、「うさぎ穴」の世界なのである。

　このように考えてくると、今までに取りあげてきた作品を、子どものための作品として児童文学というジャンルに入れるのはおかしいのではないかと考えられる。これらの作品は、今まで明らかにしてきたような「子どもの目」を通して世界を見た文学として、新しい名前と分類を主張していいのではないだろうか。もちろん、ここに言う「子ども」は、モモの物語が示すように、未成熟を意味するものでないことは言うまでもない。大人の心の中に存在する未成熟で、かたくなな子どもの目を通して世界を見て、それを「児童文学」と呼んでみても、それは、たかだか同種の趣味をもった少数の大人から喜ばれるにしろ、子どもたちからは見向きもされないであろう。モモが大人からも子どもからも等しく友人と思われたように、ここに述べたような「子どもの目」を通して描かれた文学は、子どもからも大人からも愛されるべきものなのである。

　鶴見俊輔は、筆者と同様の論点に立ってのことと考えられるが、「毎日の責務の中にうずもれている、はたらきものの会社員こそ、少年少女小説を、通勤電車の中で読むのにふさわしい。そういう時代が、もう鼻の先まできているように、私には思われる」[14]と述べている。モモやトムの見た世界を描いた作品は、子どものためのファンタジー――つまり、「まやかし」――などではなく、「毎日の責務」のために目を曇らされた大人たちが、見損っている「現実」を語ってくれていることを、はっきりと認識しなくてはならない。その「現実」は、少年フリードリヒを殺した理不尽な力のはびこっている「現実」と同等、あるいはそれ以上の重みをもつものなのである。

透徹した「子どもの目」を通して見た「うさぎ穴」を描いた文学が、老若男女を問わず、すべての人々に読まれるようになることを願って、筆をおくことにしたい。

付記

筆者は児童文学者ではなく、臨床心理を専攻するものである。児童文学者の上野瞭さんに、「うさぎ穴」という魅力のある題を与えられた上、「独断と偏見に満ちた評論を」とうまくおだてられて、御要望どおりの独断的なものを書いてしまうことになった。専門外のことなので、自分の読んだ範囲の作品でしか、ものが言えないために独断が多いと思うが、御寛容を願いたい。なお、日本の「うさぎ穴」についてはたいへん気になりながら、力量不足で言及できなかった。日本人でありながら西洋のことの方が言いやすいというのは、毎度のことで、ずいぶん残念に思っている。他日、挑戦してみたい――しなければならない――課題だと思っている。

(1) ルイス・キャロル、田中俊夫訳『ふしぎの国のアリス』岩波少年文庫、一九五五。引用はすべて本訳書によった。

(2) J・R・R・トールキン、猪熊葉子訳『ファンタジーの世界―妖精物語について』福音館書店、一九七三。

(3) J・R・R・トールキン、前掲書に引用されているもの。

(4) フィリパ・ピアス、高杉一郎訳『トムは真夜中の庭で』岩波少年文庫、一九七五。

(5) アニエラ・ヤッフェ編、河合隼雄・藤縄昭・出井淑子訳『ユング自伝2―思い出・夢・思想』みすず書房、一九七三。

(6) 上野瞭『現代の児童文学』中公新書、一九七二。

(7) チャールズ・キングスレイ、阿部知二訳『水の子』岩波少年文庫、一九七八。

(8) ル＝グィン、清水真砂子訳『さいはての島へ―ゲド戦記Ⅲ』岩波少年少女の本、一九七七。

(9) 河合隼雄「『ゲド戦記』と自己実現」、『人間の深層にひそむもの』大和書房、一九七九、所収。

(10) H・P・リヒター、上田真而子訳『あのころはフリードリヒがいた』岩波少年文庫、一九七七。

(11) ロジェ・カイヨワ、塚崎幹夫訳『イメージと人間』思索社、一九七八。

(12) J・R・R・トールキン、瀬田貞二訳『ホビットの冒険』上下、岩波少年文庫、一九七九。

(13) ミヒャエル・エンデ、大島かおり訳『モモ』岩波少年少女の本、一九七六。

(14) 鶴見俊輔「解説」、上野瞭『目こぼし歌こぼし』講談社文庫、一九七八。

日本昔話の心理学的解明——「蛇婿入り」と「蛇女房」を中心に

異類との結婚

ここでは、昔話、しかも「蛇婿入りと蛇女房」という人間と蛇の結婚の話を取りあげてみようと思います。これはどうも現代社会とはぜんぜん関係ないようですが、実は深い関係があると私は思っています。私は心理療法を専門にしていますが、その私が昔話の研究をしますのは、心理学の応用とか、片手間にやっているのではなく、私の仕事と切っても切れない、同じことをやっていると言ってもいいぐらいの話なのです。実際に皆さんが生きていかれる上におけるいろんな悩み、子どもがどうしたとか、離婚だとか、嫁と姑とか、そういう相談を私が受けておりますことと昔話は密接に関係があるわけです。たとえば、皆さんご存知の「ヘンゼルとグレーテル」の話の中に、お菓子の家というのがあります。こんなお菓子の家なんか昔話のことであって、別に現在と関係ないと思うかも知れませんが、いまの子どもたちはお菓子の家に住んでいるみたいなものでして、何でも好きなものが食べられる、甘やかされていると考えますと、非常にぴったりなのです。

しかもお菓子の家を食って喜んでいるうちに、ちゃんと自分はおばあさんに食われそうになる。実際、子どもを「食いもの」にしている人なんかいっぱいいるのですから、そういうふうに考えますと「ヘンゼルとグレーテル」の話はがぜん現在の話になってくるのです。

ただし、ここではそういう西洋の話ではなくて日本の「お話」を取りあげます。「蛇婿入り・蛇女房」は、日本全国に非常にたくさん分布している「お話」です。細かいところはずいぶんちがうのですが、「蛇婿入り」のほうはおだまき型と水乞型の二つの型に分けられております。おだまき型は夜な夜な女のところに男がしのび込んでくる。素姓がわからないので何とかしようというわけで、糸のついた針をさしておく。その男が帰ったあと、糸をつけていくとそれが蛇なのです。蛇は苦しんでいて、話し声が聞えるので盗み聞きしますと、蛇は頭に針を刺されて死ぬのだが、あの女が自分の子どもを宿しているから、その子が生まれて仇をとってくれるだろうと言っている。そうすると親の蛇がそれでも五月の節句に菖蒲湯に入れると子どもは全部死んでしまうのだ、そういうことを人間がやったら困るじゃないかと言う。それを立ち聞きして帰って、その女の人は五月の菖蒲湯に入ると、蛇の子どもがおりて、全部死んでしまった。だからそれ以後、五月に菖蒲湯に入るようになったという「お話」なのです。これだって、蛇の子がおりるとか言ってますが、妊娠中絶と言いますと、現在の現象と重なってくる感じもします。

この話を聞いて、素姓のまったくわからぬ男と結婚することなどもう日本にはないと皆さん思われるでしょう。しかし、これを少しちがうレベルで考えていきますと、われわれのところに相談に来る方で、結婚して二、三年たってどうしても離婚したいと言う人があります。そんな方がよく言われるセリフに、うちの主人があんな人であるとは思わなかったというセリフがあります。結婚して三年ぐらいたったときに、ご主人が前とちがって自分を顧みない。酒は飲んでくる、殴ったり蹴ったりする。離婚のために相手方の家族と交渉すると目茶苦茶なことを言う。そこで、「あんな家族はほんとに素姓が知れん」と、こういうことを言われるのです。これは類いがちがうのではないか、あれは「蛇族ではないか」と言いたいのでしょう。つまり、素姓のわからぬ人と結婚していたことになります。このように言いますと、この「蛇婿入り」の話は非常に迫真力をもって現在のことになってくるのです。

次に「蛇女房」を見てみますと、この話の典型的な例は、非常に美しい女性がやってきまして、こういうの特徴はみんな女性のほうからプロポーズします。男はそれを承知して結婚します。その後いろいろあるのですが、よくあるのは、蛇は自分が子どもを産むところを見ないようにして欲しいと言うのです。あるいは「蛇女房」と似たような類いで皆さんよくご存知なのは「鶴女房」というのがあります。鶴は子どもを産むときではなくて、自分が機を織るところを見ないようにして欲しいと言う。ともかくある秘密を見ないで欲しいという禁止のタブーがある。ところが、見ないようにして欲しいと言うと、見たくなるのが人情で、だいたいが見ることになっています。

それはともかく、主人は外へ出ていったようなフリをしてそっと覗くと、「妻は、主人が出かけていったので、一人だと思ってのうのうとして部屋いっぱいに大蛇になって寝ころんだ」と書いてあるのです。こんな人、私はいっぱいいるような気がするのです(笑)。

あるいはもうちょっと深刻になりますと、こういう異類女房で「狐女房」というのがあります。そこでは、子どもが母親の尻っぽを見つけて父親にそれを告げるのです。これなんかでもそういう深刻な例をわれわれはよく知っています。たとえば、子どもが忘れ物をして学校から急に帰ったら、お母さんがよその男と寝ていたという話があります。そこでもちろん離婚の話に発展します。そんなふうに考えますと、狐女房であれ蛇女房であれ、何も昔の話ではないと思うのです。

メルヘンと自然科学

ただし、私がいま言いましたのは非常に浅いレベルで話をしているのでして、もっと深く考えることができます。もう少し深く考えるために外国のものと日本のものと比較しようと思います。日本の「蛇婿入り」のおだまき型のほうを先に言いましたが、「蛇婿入り」

の水乞型というのがあります。父親のお百姓さんが田を見にいくと水がなくなっている。田に水を入れてくれるものには、うちの娘をやるんだけどと言うのです。ところが、蛇が水を入れてくれて、娘を欲しいと言う。お百姓さんには娘さんが三人いて、一番上の娘も二番目もいやだと言う。三番目が、お父さんが助けてもらったんだからわたしはお嫁にいくと言う。その娘さんがお嫁にいくときにお父さんに頼んで瓢箪と針をもっていく。たくさんの瓢箪に針をつけて水に浮かべまして、蛇にこの瓢箪を沈めてくれと言うと、蛇が死に物狂いになって沈めているうちに、針に刺されて死んでしまった。そして蛇を退治して、めでたしめでたし。これが日本の「蛇婿入り」の水乞型の一つの典型例なのです。

　この話と非常によく似たパターンで後のほうがちがってくる西洋の有名な話があります。皆さんもだいたい感づかれたかも知れませんが、「美女と野獣」というタイプです。つまり三人の娘と父親がいる。ふつうよくある話では、娘がお土産に欲しいと言ったので、父親がある城でバラの花をとったら獣が出てきて、このバラの花をとったからにはおまえを殺すか、そうでなかったら娘を寄こせと言う。父親は娘に獣のところへお嫁にいってくれと頼むが、一番目はいかない、二番目もいかない、三番目がいく。このへんは日本の話と同じです。

　ところが、西洋の話と日本の話と決定的にちがうところは、娘が獣のところへいき、彼女の愛によって獣が王子様に変身するということです。話の展開の仕方にはいろいろありますが、娘が一度里へ帰ってくる話が多い。里へ帰るときに、獣は一週間で帰ってきてくれなどと娘に約束させるのです。ところが娘さんのほうは、帰ってきてお父さんが病気になったり、別れるのが悲しいと姉さんに言われたりして日を延ばされる。それでも獣のことが忘れられずに帰ってきて、やっぱりあなたが好きですと言ったとたんに王子様になる。獣は魔法によって獣にされているんだけれども、その魔法が解けて人間になって、最後は結婚して、めでたしめでたしと終りますが、日本のは、蛇は蛇であって殺されてめでたしということになるのです。このちがいについて考えてみたいと思います。

日本の昔話と西洋の昔話を小沢俊夫さんという方がずいぶん比較研究しておられまして、『世界の民話』という本も書いておられますし、外国の学者と討論した本も書いておられます。小沢さんによると、ヨーロッパにくらべると日本の昔話には結婚の話が非常に少ないのです。そして、日本の昔話には魔法ということがないのです。つまり蛇は話をしたり結婚したりするところは人間的なんだけれども、殺されるあたりはがぜんもとの蛇のままなのですね。あるいは蛇の子どもを産みそうになっても、こんなものはおろしてしまわなければ困るという現実感覚みたいなものが、日本にはあるのです。

ところで、西洋の昔話では、魔法によってパッと変ったり、魔法によって空を飛んだりします。そういうわけで、真面目な学校の先生の中には、昔話を子どもにするのはよくないのではないか。なぜかと言うと、途方もない空想的なことが書いてあって、子どもたちが現実から遊離するのではないか。たとえば、試験を魔法でパッとうからんかなとか、こんなバカなことを思いだすと、教育上よくない、だから子どもには昔話をしないほうがいいなんて言われる先生があるのですが、それは非常に浅はかな考えでして、だいたい真面目な人には浅はかな人が多いんですけれども（笑）、私はそれはファンタジーとかリアリティに対する考えが浅はかすぎると思います。

その反論の一つとして私が言いたいのは、こういう魔法のメルヘンを非常にたくさんもっていたヨーロッパのほうが、自然科学が発達しているという事実です。蛇は蛇として、殺してめでたいと思っている国には科学が発達しなかったというのは、非常に大事なことだと私は思います。どうしてヨーロッパの国だけに自然科学が発達して、しかもヨーロッパの国に発達した自然科学を日本人だけがどうしていち早く取り入れることができたのかということは重要な問題です。これは日本人の生き方に関連してきます。現在、われわれはけっこう西洋流に生きているのですが、人間関係とか、生き方の根本ではまだまだ日本的なところがあります。そういうことを反省する上において、いま私が言いました魔法とかファンタジーというものをたくさんもっていた国ともたない国の差、あるいは、メルヘンの中で結婚ということを非常に大事にした国と、そういうことはあまり大事にしなかった国との差はどうなんだろうかということが問題となってきます。

その結婚の問題はあとで考えることにしまして、もういちど蛇に返りますが、この蛇を、蛇は蛇だから殺してしまえという考え方と、これは変身して王子様になるという考え方があるのは、蛇のもつ二面性をよく表わしています。恐ろしい面と、素晴らしい面とがある。この二面性は日本の昔話にも実はよく出ているのです。これもご存知の方が多いと思いますが、実は「蛇婿入り」のおだまき型のいちばんもととして考えられるのに日本の神話があります。

『古事記』の中の崇神天皇の項目の中に三輪の大物主という話があります。名前は省略しますが、あるきれいな娘さんのところへ男が通ってくる。そして針と糸を裾につけておいて、ずっとつけていきますと、これは大物主神という神様であることがわかるのです。そして、生まれた子どもは非常に素晴らしい子どもだから、またこんど素晴らしい人と結婚するという話になるのです。この場合は西欧の話にちょっと似ているのですが、相手が蛇であるということは言わないのですが、穴から通ったりしますし、他にも似たような話がありますから、蛇を連想させられるのです。その正体が神様だから畏れかしこむのですが、正体までは見ていません。だから変身ということはないのです。しかし、非常に素晴らしい神聖なものだという考えは明白に出ています。その点に注目しますと、これは柳田国男が言っているのですが、おそらく「蛇婿入り」の蛇婿は神様だったのではないか。ところが、そういう神話的な考え方がだんだん衰退してきて、妙な現実感が出てきて、蛇は恐ろしいから殺してしまえというふうになったのではないか。だから、もともとは神との結婚という素晴らしい話だったのが衰退して、「蛇婿入り」の話になってきたのではないかというように柳田国男は言うのです。それにしては私が言いました「蛇婿入り」の昔話が、日本中にはあまりにもたくさん分布しています。つまり日本人の心を打ったからでしょう。そんな面白くないものだったら、みんな忘れてしまうと思うのですが、未だに各地に残っていることは、やはり日本人の心性に合ったわけでしょう。

　そして蛇は蛇として殺してしまえと言うのと、何か神聖であると言うのとの中間として、『平家物語』にも出てくる緒方三郎伝説などがあります。それはやはり蛇の子を宿し、蛇は死んでしまうのですが、生まれてきた子どもは英雄になるのです。これは昔話の類話の中にもあります。それはやはり蛇の子を英雄として見るというので、蛇を高く評価している。ただしこの場合大事なことは、子どもは大事なのだけれども、蛇は死んでしまう。だから父親になる人、夫になる人は消え去って子どもが残るというタイプなのです。

立ち去るものの哀れさ

　こういうふうに考えますと、私はこの「蛇婿入り」の話について、現代における具体的なことの比較からだんだん次元を変えてきましたが、ここでもう一段と次元を変えますと、女性が男性的なものをどこまで受けいれるかという問題に関連づけられると思います。女性にとって男性的なものはやはり恐ろしいものでしょう。あまり受けいれるとつまはじきされるようになるかも知れない。しかし、女性がその内面において男性的なものをある程度身につけることは非常に強力なことでして、現在の日本の女性の中にはそういう男性的なものを身につけている方はたくさんおられますし、身につけるために文化講演を聞きにくる人もおられます。だから女性が男性をどこまで受けいれるかという点から考えると、西洋の場合は、獣がまったく変身して王子となって受けいれられるということが起っている。日本人の場合、そこは非常にアンビバレントになっているというか、迷いがあるわけで、神聖なものでそれは受けいれられないが、せめてその子どもぐらいは大切にする。夫のほうはちょっとおいておいて、生まれてきた子どもの男性性は受けいれる。そうでなければいっそのこと殺してしまう。つまり私は女として生きるのであって、男性的なものは受けつけないということになる。

　こういうふうな話のバラエティは、日本人の女性の生き方のタイプを言っているような気がします。日本の女の人で男性性はまったくご免というので殺してしまって、めでたしめでたしで生きている人と、ちょっと受けいれている人と、ご主人はともかくとして、息子は素晴らしいと思っている人とか、いろいろあるでしょう。そういうふうに考えてもいいし、これを内面的に言うならば、自分の心の中の男性性をいかに生きるかという問題に変えて考えることもできると思います。

　そういう見方で「蛇女房」のほうを見てみようと思います。「蛇女房」は蛇が女性に変身して、プロポーズして、結婚して、しばらくたって男が何かタブーを犯す。見られてはならないものを見られてその蛇は立ち去っていく。立ち去っていくところが非常に哀れなのですね。特に立ち去る女性の哀れさが美しく描かれているのは、皆さんご存知の「鶴女房」です。鶴が自分の羽を抜いて機を織る。ところがそれを見られたために去って行く。こういう消え去る女性は、この「蛇女房」だけではなくて「鶴女房」もあれば、「狐女房」もあり、いろいろあるのです。これは非常に面白くて、女房になれる動物と、なれない動物があるみたいです。「狸女房」というのはありそうな気もしますが（笑）、あまりないみたいですね。関敬吾先生が日本の昔話をたくさん集めて分類しておられる『日本昔話大成』という本があります。これを見ますと、「異類女房」に分類されているのは、蛇女房、蛙女房、蛤女房、魚女房、竜宮女房、鶴女房、狐女房、猫女房、天人女房とか笛吹き女房とありますが、これらの話のほとんど全部、最後は男女の別れになります。

その中で一つだけ、猫が人間になって結婚して、めでたしめでたしというのがあります。ところが、この「猫女房」は類話は一つしかありません。だから日本にほとんどないわけで、この「猫女房」というのは誰か新しがり屋がつくったのではないか、これはちょっと特別ではないかと思います。

こういうのを見ますと、日本人というのは、男性と女性の結合による完成よりは、完成するはずのものが別れて立ち去っていくところに美しさを見出そうとしたのではないかという気がします。この立ち去る、消え去ることの美しさというのが、日本人にとっては美意識と結びつくのではないかと思います。

ところが、立ち去っていくものの、立ち去るほうも何とも言えませんから、立ち去った女性に恨みが残ることもある。その恨みが残る話もわりあいあります。「蛇女房」の類話の中には、蛇が去っていくときに子どものために目玉をおいていくのです。この宝物を殿様が欲しいと言ってとってしまったり、村人が目玉をとってしまったりする。そこで蛇が怒って大洪水を起して村人は全部流れてしまったという話がある。こういう点を見ますと、日本人を動かしている非常に大きい原動力ほ、立ち去るものの哀れさと、立ち去ったものの恨みであるとさえ言うことができます。日本の文学の中でこの二つは重要な役割を果たしているように思います。

しかし、そういうことと別に、先ほど言いましたように、男性でありながら女性性を受けいれる、あるいは女性でありながら男性性を受けいれるという考え方をしますと、日本人は、男性なり、女性なり、異性を真に受けいれることによって統合する、そういう方向には向かわなかったのではないかと思われます。

ここでもう少しつけ加えますと、男性と女性が結合するのは、ただ性的に結合して子どもが生まれるというだけでしたら、これはすべての動物がやっていることですから、何も別に大したことではないのです。だから、それは別に大きい意味をもちません。ところが、そういう単なる肉体的結合ではなくて、私が言いましたような象徴的なレベルで、男性によって表わされるもの、女性によって表わされるもの、こういうものが統合するというふうに考えますと、これは非常に高い意味をもつのではないかと思うのです。そういうふうな意味を日本人はあまり大事にしなかったと考えられます。

日本人の心の在り方

これらのことは日本人の心の在り方ということにつながってくると思うのですが、こういういまのパターンをよく考えますと、日本の神話の中にこういうパターンの原型が見られるのではないかと思います。それは「蛇婿入り」のほうで言いますと、蛇婿という男が女の世界へ入ろうとする、女をとろうとするのだけれども、結局殺されてしまう、追い出されてしまう。こういう点に注目しますと、天照《アマテラス》という女性が君臨している高天原へ素戔嗚《スサノヲ》という男性が侵入し、つかまえられて放逐されるパターンと同じだと思います。ところが、面白いのは、はっきりは書いてありませんが、天照と素戔嗚のあいだにできた子どもと考えられるもの、これは二人が結婚してできたとは書いてありませんが、二人が誓約というのを取り交わしたときに出てきた子どもが、結局は日本の天皇家の先祖になるのですから、先ほどのパターンで言うと、女性のところへ男性が入ってきて、男性は追い出されるのだけれども、そこにできた子どもは非常に大事であるというパターンだと考えられます。

あるいは、見るなのタブーを犯す「蛇女房」のパターンは、伊弉諾《イザナキ》・伊弉冉《イザナミ》の話に出てきます。死んで黄泉の国にいる妻の伊弉冉を伊弉諾が訪ねていく。そこで、伊弉冉は、自分をいま見てはならない、しばらく待ってくれと言う。それでも、伊弉諾は火をともして見てしまうのです。火をともすと、伊弉冉の体の腐っているのが見えてびっくりして逃げ出す。これを伊弉冉が怒って追いかける。この神話では見てはならないというのを見たということが非常に大きい問題になっています。

ここで何か女性にとって非常に大事なもの、女性にとって絶対的な秘密と言っていいもの、それは大事なものであるけれども醜いものであるかも知れないというふうなものを、男は見てはならないという非常に大事なテーマが出てくるのです。そしてそれを見てしまったためにどうもうまくいかない。そこで女性は立ち去っていくのですけれども、女性が恨みをもった場合は、その立ち去った女性の恨みが原動力になって日本の文化をいろいろ動かす母体になっているということが出てきます。

たとえば、先ほど三輪の大物主の話をしました。これは否定せずに神様の子だから大事にしようと言うのですが、この大物主はそもそも出雲系の神なのです。日本の神話は天照系、高天原系の神が主流であって、素戔嗚、あるいは大国主は反主流派なのです。その反主流派のほうに属する大物主が現われてきて、その子孫を大切にするということは、いちど追いやられた素戔嗚の系統がもういちどこっちへ返ってきたと考えることができます。

だから日本で非常に特徴的なのは、いちど外へ追いやって、その追いやられたものがまた入りこんで返ってくる。そして全体を活性化して、揺り動かして新しくする。こういうパターンがよく繰り返されております。何か相反するものとか、ちがうものが統合されて新しいものができるというふうなパターンではないかと考えられます。

そういう点から、話をもう少し抽象的にしますと、さっきから言っています結婚ということが、象徴的な意味をもつのではないか。異類婚、つまり人間が蛇と結婚する、人間が獣と結婚するというふうに異類婚にしている点に意味がある。猫が猫と結婚する、犬が犬と結婚する、これはあたりまえの話です、自然現象なのです。そうではなくて、人間が異類と結婚するということは、男と女はちがうんだ、ものすごくちがうんだという認識がまず先行して、にもかかわらず、することになる。動物が自然にやっている結婚ではなくて、われわれが本当に結婚しようと思うと、まず、結婚してから相手が蛇と気がついて離婚しようというのは非常に下手な方法で、まず蛇であるということを認識して、つまり異類であることを認識したのちに結婚しようという場合は、象徴性が非常に高いのではないかと思うのです。

異類婚と外婚制度

このことは、私は心理的なほうにばかり注目して話していますが、皆さんの中で社会学的な見方の好きな人は、これは部内婚と部外婚のことであるというふうに考えられる人もあると思います。つまり同族同士で結婚するのは非常に簡単です。ところが、そのグループをもう少し活性化しようと思うと、同族でないほかの族と結婚する。内婚ではなく、外婚制度です。そういうことによって社会はもっと発展する。そのようなイメージをもたれると、この異類婚の話を外婚制度のことと見てもいいかも知れませんし、その意味は、私が言っております心理的な次元と重なってくると思います。

ここで少しつけ加えますと、小沢俊夫さんがそういう研究をしておられて、私は非常に面白いと思ったのですが、ヨーロッパの話では魔法と変身があります。日本は、蛇と話をしたりするところでは人間らしいのですけれども、どこかのところで蛇は蛇だとか、猿は猿だというペースに変ってしまう。ところが、ニューギニアとか、あるいはアフリカとかの話では、トナカイと人間が平気で結婚してみたり、離れてみたり、何かまったくいっしょの感じなのです。別にちがうからどうのこうのということはないのです。だから動物と人間との連続性が非常に強い。西洋のほうはいま言いましたようにちがいます。

日本はちょうどその中間みたいな、非常に珍しいところにあるということを小沢さんは書いておられる。これは、私の考えでは、まず異類であることを認識してというのが西洋のやり方で、そしてそれとの結合を図る。ほかの東洋の国では、どうせ自然に行われているのだから、トナカイと結婚しようが、何と結婚しようが、別にかまわないというところでは、まだ結婚の問題を象徴的に見る目がないのではないか。日本は何かちょっとちがうという認識があるのだけれども、そこをもう一段変えるところまでいっていない。そして日本では、異類であることを認識して、次に結合ではなくてそれを拒否する、あるいは否定する。これは男性にとっても、女性にとっても両方言えるのですが、わかりやすいのでいま女性のほうだけに焦点を当てていきますが、つまり現在の皆さん、女性が自分の心の中にある男性的なものをどれだけ生きるか、それをどれだけ生かして受けいれるかという場合に、日本の文化はそういうことに気がつきながら、自分の心の中の男性的なものは瓢簞と針で殺してしまっているのではないか。ヨーロッパの場合はあえてそれを取り入れてやったのではないかと思うと、わかる気がするのです。そして次に面白いのは、まったく拒否したのではなくて、それは拒否したけれども、子ども、男の子は非常に大事にした。それは英雄になったという話があります。そうすると日本の文化は、そういう男性的なものをまったく拒否したのではない。大切にしてはいるのだけれども、どこを拒否したかというと、女と男というレベルにおける男性は拒否した。ところが、父と娘とか、母と息子というふうなタテに並んでいるほうの面では、男性性を受けいれるのではないか。こんなふうな言い方もできるのではないかと私は思うのです。

男性性、男性性と曖昧なことを言っておりますが、これを心理学的な言葉に換言しますと、たとえば、父親は母親とちがって非常に厳しい、あるいは強い、こういう面と、もう一つ男性の特徴は、少し抽象的になりますが、女性とちがって男は切るほうが得意です。女性はみんなを同じように包み込んでいく。男性的なものは、おまえとおれとはちがうとか、よいものと悪いものとはちがうとか、そういうふうにものごとをはっきり分けて考えていく。つまり、インディビデュアリティとか、はっきりものごとを分割するとか、分割したものを構築するとか、そういうふうな意味をもちます。このような意味の男性性が自然科学を生み出す要因の一つと思うのですが、日本人はそれをあまり身につけなかったのではないか。

しかし、他の東洋やアフリカの昔話と比較すると、既に言いましたように、まだしも男性的なものを受けいれるところがある。日本の文化の在り方と言ってもよろしいですが、それはヨーロッパにどこかで近づいているところがありながら、またやはり東洋の国々とも近い。しかし、また東洋の国々とも、ヨーロッパの国ともちがうというふうなところが、こういう昔話の中にも反映されているのではないかと私は考えています。

男性性拒否の意味

最後に一言だけつけ加えておきますと、非常に興味深いのは、「蛇婿入り」の水乞型の類話にあるのですが、蛇を殺してしまった女性が歩いていると、殿様かなんかがやってきたりしてその殿様と結婚して、めでたしめでたしとなるのがあるのです。だから、私は結婚はほとんどないと言っていましたが、結婚する話も出てくるのです。

ただし、そのときの特徴は一回目は必ず夫である蛇を殺して、次に成功しているのです。だからこれは再婚することによって女性は幸福になるというテーマだと私は思うのです。結婚というものを考えてみると、はじめの結婚はだいたい相手は蛇で、その蛇をうまく殺したものが次に本当の結婚ができるのではないか。これは日本の話ですから蛇を殺してほかの人と結婚したというふうになっていますが、心理学的に考えれば、これは同一人物でもいいのです。つまり自分の相手の男性の正体を見きわめて、のちに、そこにひとつの変化が生じ本当の結婚ができる。このことは人生のこととして言いますと、本当の結婚は四十歳ぐらいになって完成するのではないか。それまでは蛇との結婚で、四十ぐらいになってから本当の結婚になる。そのときなるべく相手は同じほうが便利ですから、同じ人と離婚して再婚したほうがいいのではないかということになります。もう一つの考えとしては、男性性というのを非常に抽象的なレベルで考えると、ひょっとすると日本人は、男性性を拒否したあとでもういちど、またそれを身につけることを面白い形でやったのではないかとも考えられるのです。

Ⅲ

現代青年の感性——マンガを中心に

マンガと青年期の感性

大学生のマンガ志向

現在、青年の感性の世界を論じるにあたって、マンガという領域を避けて通ることは不可能であると思われる。ここに、「マンガ」という語を、石子順造氏にならって[1]、いわゆる「劇画」や「漫画」などを含む広義な意味をもつものとして使用しているが、現在の青年たちがマンガを読む量は、膨大なものとなっているのである。昭和四十年代にはマンガ・ブームが取沙汰され、『京都大学新聞』の調査によって、学生の読んでいる週刊誌の第四位に『少年サンデー』があることが明らかにされたため、余計に一般の注目をあびることになった。そして、「右手にジャーナル、左手にマガジン」、「手にはジャーナル、心にはマガジン」などのキャッチ・フレーズによって、ジャーナリズムを騒がせたものである。ここに「ジャーナル」は週刊誌の中ではもっとも堅いイメージをもつ『朝日ジャーナル』を指し、「マガジン」は『少年マガジン』というマンガ誌を指している。その後、マンガは衰退に向ったなどと言われたが、現在の状況はむしろ定着したとも言うべきであろう。毎日新聞社による、一九七八年版の『読書世論調査』を見て驚いたことは、「好きな著者」という項目に並んで、「好きなマンガ家」という項目が存在していることである。好きな著者として、夏目漱石・谷崎潤一郎などがあげられている次のページに、手塚治虫・赤塚不二夫などがおさまっている。マンガが読書の世界ではっきりとした市民権を得ていることを、これは証明しているものと思われる。

戦前においては、青年期における文学・芸術への関心を論じるにあたって、青年に共通に読まれ、話題となっている書物を選ぶことができた。そこには、いわゆる「必読の書」があったわけである。そのために、その書物を取りあげることによって、青年の関心を読みとることが可能であったが、現在ではまずそのような本を見出すことができない。多様化の時代と言われるように、青年の興味も多様化し、愛読書も相当に分散している。ところが、ある種のマンガこそ、大学生の共通の「愛読書」として取りあげ得るのである。精神病理学者の荻野恒一氏は、その劇画に関する評論[2]において、性向がまったく異なる大学生たちが、「共通のカルチャー」として劇画を有していることをまず最初に指摘している。

大学生のマンガ志向に対しては、その父親の年代の人々から、大学生の堕落ぶりを示すものとして受けとられたようである。マスコミも先に示したキャッチ・フレーズのように、やや冷やかし気味の論調で取りあげていたように思う。しかし、その一方では極端な擁護論もあり、石子順造氏も述べているように、[3]白土三平の「忍者武芸帳」から、唯物史観を学びとっているなどという話さえ、大真面目に流布されるほどであった。しかし、このような一方的な賛否両論に対して、最近では、マンガを重要なマスメディアのひとつとして取りあげ、客観的に分析しようとする試みも多くなされるようになってきた。[4]これは、マンガを真剣に取りあげて論じてきた、石子順造、加太こうじ、鶴見俊輔氏などという人の功績も大きいが、マンガが一般の中に定着していった事実によるところが大であると思われる。

ところで、筆者がここにマンガを取りあげたのは、マンガ論を展開するためではなく、現在の青年たちの多大の興味を惹きつけているマンガを素材として、現在の青年の感性の在り方を論じるためである。実のところ、一般的なマンガ論を展開するほど筆者はマンガを読んでいない。従って以下のマンガの素材の選び方も、マンガの「専門家」から見れば恣意的に見られるかも知れない。筆者としては、前記の毎日新聞社の調査や、マンガに詳しい人の意見を参考にして、代表的な作品には目を通したつもりではいるが。

感性の次元

前述の『読書世論調査』による一九七七年度のベストテンをあげてみると、一五五ページの表のようになる。ここで興味深いことは年齢による読者層の差が明確に示されていることである。手塚治虫と長谷川町子は群を抜いて一位であるが、手塚は二十～二十九歳の層にピークをもつのに対して、長谷川は三十～三十九歳のところにピークをもっている。両者に次ぐ水島新司になると、二十九歳以下に読者の多いことが極めて明白である。そこで、同じく、ひとつの家族を中心とし、そこに生じる笑いをテーマとしている、長谷川町子の「サザエさん」と赤塚不二夫の「天才バカボン」を取りあげてみよう。どちらも若年から高年齢に至るまで広範な読者をもっているが、後者のほうが前者に比して若年層に人気をもっているようである。この両者の比較ではっきりとしていることは、赤塚の描く主人公の容姿のデフォルメの強さである。天才バカボンの家族は、その母と弟のハジメだけが平凡なデフォルメされない容姿で描かれているが、これはバカボンとその父親のデフォルメを際立たせる効果を狙ってのことと思われる。そして、そこに生じるギャグも馬鹿さ加減もまったく非日常的で底抜けのものである。つまり、これは家庭を主題とするかに見せて、いわゆる家庭漫画の枠を突き破っているのである。「サザエさん」と比較してみると、われわれの感性に訴えてくる次元が明らかに異なっていることに気づかされる。これは家族や家庭のことを描きながら、日常性をどこかで突き破っているのである。上野瞭氏[5]は、天才バカボンのおやじの鉢巻は「世間様のいう『良識』を行動の規準にすまいとする決意」を表明するものと述べているが、そのような読みとりも可能であろうと思われる。

感性の次元の差について考えるにあたって、「青年期の感性」について述べている作田啓一氏の考え[6]を援用してみよう。作田氏は子どもが大人になってゆく過程を、シャハテルに従って、第一次自分中心性、対象中心性、第二次自分中心性という推移によって把握している。そして、「第二次自分中心性の特徴は、客体に対して、それの操作が容易であるような仕方でラベルをはることである。さまざまの客体が、主体の用途に応じて、ラベルをはられ分類される」と述べている。大人はこのようにして、自分をとりまく複雑な対象世界を、一応安定したものとして組織化してゆくことができるのである。ところで、このように安定して見える第二次自分中心性の世界も、再び対象中心性の世界に立ち返って見てみると、それほど安定したものでないことが解る。そこから惹き起こされる笑いの世界を描くことは、実のところマンガのお得意であり、どこにでもその例を見ることができる。たとえば、天才バカボンのおやじは望遠鏡を大砲と思って恐怖心を起し、星と犯人を示す「ホシ」とを取り違えたりしている。バカボンのおやじは、大人に通用するラベリングをまったく理解していないのである。

ところで、劇画の世界によく登場する「変身」の主題は何を意味しているのだろうか。

好きなマンガ家・1977年度（男女）　（数字は実数）

順位	マンガ家名	全体	性		地域				年齢						学歴			
			男	女	十大都市	中都市	小都市	郡部	16〜19	20〜29	30〜39	40〜49	50〜59	60歳以上	9年以下	10〜12年	13年以上	無回答
1	手塚治虫	130	69	61	31	53	22	24	29	59	19	12	6	5	10	62	58	—
〃	長谷川町子	130	41	89	46	46	24	14	3	20	52	30	17	8	13	78	38	1
3	水島新司	71	52	19	16	27	12	16	23	33	9	4	2	—	6	40	25	—
4	ちばてつや	58	44	14	20	25	7	6	10	33	12	1	2	—	3	25	30	—
5	サトウサンペイ	29	12	17	10	11	7	1	—	7	11	6	4	1	—	17	12	—
6	里中満智子	25	—	25	4	6	5	10	13	9	2	1	—	—	1	18	6	—
7	赤塚不二夫	24	16	8	6	7	6	5	7	4	6	5	1	1	2	9	13	—
8	川崎のぼる	21	14	7	7	5	5	4	8	8	3	2	—	—	1	17	3	—
〃	本宮ひろ志	21	17	4	3	8	6	4	11	8	1	—	1	—	—	17	4	—
10	池田理代子	19	1	18	5	8	2	4	5	7	3	2	1	1	2	14	3	—
11	さいとう・たかを	18	14	4	4	10	4	—	1	11	4	1	1	—	3	4	11	—
12	白土三平	16	12	4	5	6	3	2	—	10	3	2	1	—	2	7	7	—
〃	松本零士	16	14	2	4	4	4	4	8	5	1	1	1	—	2	8	6	—
〃	山上たつひこ	16	15	1	4	3	5	4	5	8	1	1	1	—	3	10	3	—
15	石森章太郎	15	14	1	8	3	1	3	6	7	2	—	—	—	2	6	7	—
〃	ちばあきお	15	13	2	3	5	3	4	5	8	2	—	—	—	2	5	8	—
〃	はらたいら	15	7	8	4	5	4	2	1	2	7	4	—	1	2	9	4	—
〃	大和和紀	15	1	14	5	8	—	2	8	5	—	1	1	—	1	9	4	1
19	山本鈴美香	14	1	13	9	5	—	—	7	6	—	1	—	—	—	10	4	—
20	梶原一騎*	13	9	4	4	3	1	5	2	5	3	3	—	—	1	8	4	—
〃	黒鉄ヒロシ	13	7	6	5	4	1	3	—	7	6	—	—	—	1	5	7	—
〃	東海林さだお	13	11	2	4	3	2	4	1	6	4	1	1	—	—	8	5	—
〃	萩尾望都	13	3	10	4	5	2	2	7	6	—	—	—	—	1	9	2	1
24	ジョージ秋山	12	8	4	6	4	2	—	1	8	3	—	—	—	1	1	10	—
25	園山俊二	11	8	3	1	2	3	5	3	4	3	1	—	—	1	5	5	—
〃	田河水泡	11	9	2	8	2	—	1	—	—	1	4	4	2	1	6	4	—
〃	田渕由美子	11	1	10	1	7	2	1	7	1	1	1	—	1	—	9	2	—
〃	矢口高雄	11	10	1	1	6	1	3	2	4	3	1	—	1	2	5	4	—
29	池沢さとし	10	10	—	1	4	1	4	5	4	—	1	—	—	2	6	2	—
〃	小山ゆう	10	9	1	6	2	—	2	4	6	—	—	—	—	—	7	3	—
〃	みつはしちかこ	10	1	9	4	3	3	—	1	8	1	—	—	—	—	4	6	—
32	陸奥A子	9	1	8	1	6	1	1	8	—	1	—	—	—	—	8	—	1
33	一条ゆかり	8	—	8	1	3	2	2	7	1	—	—	—	—	—	5	3	—
〃	楳図かずお	8	1	7	2	2	2	2	1	7	—	—	—	—	—	6	1	1
〃	庄司陽子	8	1	7	2	2	1	3	5	3	—	—	—	—	—	7	1	—
〃	平松伸二	8	6	2	2	—	2	4	4	4	—	—	—	—	—	4	4	—

『読書世論調査』（1978年版，毎日新聞社広告局，p.54）より．　*＝原作者

サイボーグものが喜ばれる理由のひとつは、それが人間の形態をしていながら、実は人間ばなれをしているという点であろう。あるいは、インヴェーダーの話が興味を惹きつけるのも、同様のことと思われる。ここで、若い離人症の人の見た夢を次に示してみよう。[7]

「父と兄がインヴェーダーになっている。そしてテレビの『インヴェーダー』を見ている。テレビの中でインヴェーダーがやられると兄の顔色が変ったので解った。」

作田氏は、第二次自分中心性の段階では、人間も分類され、特定の役割を通して利用し合い操作し合う関係となることを指摘している。ところで、この夢は、父や兄と思っていた人物が、父や兄でなかったという恐ろしい体験である。つまり、安定した分類体系に属していた父や兄が、まったく次元の異なる存在であることを露呈したのである。それは地球外から侵入してくるインヴェーダーであったのだ。

最近の漫画や劇画などを見て、そこに描かれる感性の世界の次元が、一段と深くなっていることに気づかされる。ここに言う「深い」は何ら価値的意味をもつものではなく、大人の次元からの退行の程度をあらわすものとして使用している。対象中心性の次元に退行することによってこそ、ラベルをはられた対象を、もう一度見直すことが可能になるが、退行の次元が深いときは、そこに「見える」ものは、極めて非日常的なものとなってくるのである。先に例をあげたインヴェーダーはその一例であり、実際に、自分の肉親をインヴェーダーとして感じるとき、その人としては離人症という恐ろしい症状に悩まされざるを得ない。ここに、離人症について詳述することはできないが、それは、人間の存在の根底をゆるがすほどの苦しみを与えるものである。

　強烈な賛否両論を巻き起したと言われる、ジョージ秋山の「アシュラ」も、感性の次元の異なりを感じさせる。これは、自我の深い亀裂の体験に根ざしているように思われる。このような劇画が多数の青年に読まれるという事実は、現代の青年の心の亀裂の深さが相当に深いものであり、そこに生じる不安も次元の深いものがあると感じさせられる。それはフロイトによる個人的無意識よりも、ユングによる普遍的無意識の層にまで達する感性として特徴づけられるように思われる。荻野恒一氏も、劇画の中に、しばしば「太古の文化への復帰の意志」が見られることを指摘し、「精神分析ブームがフロイトからユングに移行している文化現象を裏書き」しているように見えると述べている。[8]確かに、現在の不安はフロイトが抑圧の機制によって説明したような神経症性の次元から、分裂症型の不安へと移行しているのである。ただ誰かが背後に立つというだけで、極端な恐怖を示す、おなじみの「ゴルゴ13」などが共感をもたれるのも、こんな点に関連しているのであろう。

内向型感覚

　ユングの普遍的無意識の考えが、現在の劇画の内容を説明し得ることが多いと述べたが、同じくユングの心理機能に関する理論を用いて、マンガ表現の特徴を指摘してみたいと思

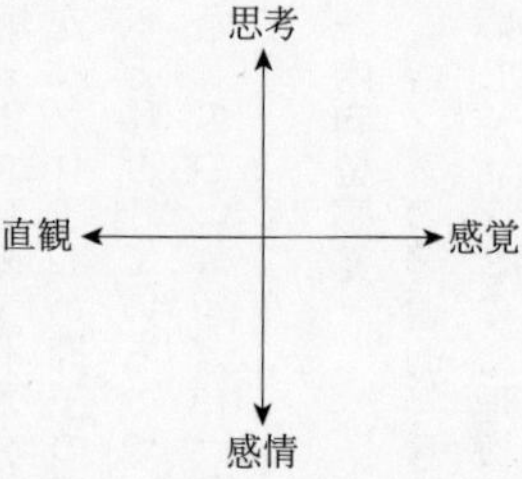

ユングによる４つの心理機能

う。

ユングは人間の心理機能を四つに分類し、それぞれ互いに対立する思考と感情、および直観と感覚の機能を考えた（上図）。思考は文字どおり考える機能であるが、ユングのいう感情とは、ものに対する好き嫌い・善悪の判断を下す機能を示している。これに対して、感覚は、五感に関係して、ものそのものの形や色などを的確に把握する機能であり、直観は、ものの属性を超えた可能性を把握する機能である。ところで、ユングはこのような機能にそれぞれ内向と外向の二方向があると考える。たとえば、同じ思考機能でも、物事の関係やそのはたらきの仕組みなどについて考える外向的思考型と、生きることの意味とか、死とは何かなど考える内向的思考型があるという。そして、彼は現在のヨーロッパ文化では、外向的な態度のほうが価値を与えられ、内向的感覚や内向的直観の機能は評価されなかったり、誤解されたりすることが多いと述べている。

このような観点に立つと、現在のマンガには、ユングのいう内向的感覚機能に頼って描かれているものがあると感じられる。つまり、現在において理解されなかったり、認められなかったりする心の機能をはたらかせることによって、現代人にひとつの衝撃を与えているのである。これは現在の青年の感性に強く訴えるものがあったと思われる。そのような作者の代表としては、つげ義春をあげるのが適切であろう。つげ義春は自分の内界を感覚的にとらえて、それを表現する。

内向とか、人間の内界というと誤解する人があって、人間の内省可能な範囲内のことと思う人が多い。自分はどんな欠点をもっているとか、他人に対してどう感じたとか、そのように考えたり感じたりするのは、むしろその人の意識可能な自我の内部で生じていることである。ユングが内界という場合、自我の外部に外界が存在するように、内界も心の内部ではあるが、自我の外に存在するものと考えている（上図）。そして、外界が一般に客観的な世界と言われているのと同様の意味で、この世界を客観的な心《オブジェクティブ・サイキ》の領域と呼んだことがある。内向感覚型の人とは、このような世界が鮮明に「感覚的に」とらえられる人である。その人は内省をするのではなく、ただ「そこに」ある世界を見たり、それに触れたりするのである。

つげ義春の作品を評して、赤瀬川原平氏は、「眼の前にあって眼に見えない不思議な正体があるので仕方がないのだ。そしてその正体は、眼に見えずにリアルなのである。その漫画の細部は非常に触覚的であり、私たちの生活の検証にも耐えうる確証的なものである」と述べて

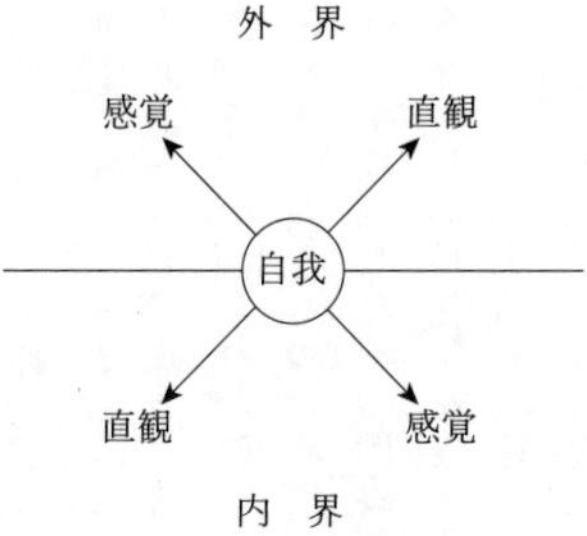

自我と内界・外界の関係

いる。[9] ここに「眼に見えずにリアル」などの逆説的表現を誘い出すところが、彼の作品の特徴であり、それは、とりもなおさず内向的感覚の特徴なのである。それは「触覚的」でさえあるほどのなまなましさをもちながら、どこかで非存在感を強く味わわせるものである。それは、われわれが一般に「存在」とか「現実」というときに、どうしても外界に縛られる傾向をもつために、つげの作品を見て、非存在、非現実と感じるのだが、一方それは、まぎれもなくつげ義春が彼の感覚によって確実に把握しているものであるために、なまなましい存在感を与えるのである。それは、自我の中で「考え出された」偽物の「ファンタジー」作品とは異なるのである。

たとえば、つげの代表的な作品のひとつである「沼」を見てみよう。これはわずか十四ページの短篇である。最初、恐ろしい沼の岸に立っている弱々しそうな一人の着物姿の乙女が描かれている。そこへ傷ついた雁がバタバタと足もとに現われてくる。ここで、「傷ついた雁と乙女」という心像から、読者は何らかの一般的期待が心に浮かびあがってくるのを感じるであろうが、ストーリーはそれを裏切って意外な展開を示す。この乙女は雁の傷を見て、「いっそ死んでしまったほうがなんぼか幸せ……」というので、雁の首をねじって殺してしまう。雁を射落した青年が銃を片手にそこに現われるが、娘に雁のちぎられた首を見せられてギョッとする。青年はこの娘にすすめられてその家に泊まることになる。娘の家族は、バアサマと義兄と、その妻である彼女の姉と四人暮らしだという。いざ寝るときになって、青年は鳥籠から出てきた蛇に驚かされる。娘は驚くこともなく、蛇が勝手に這入ってきたので飼っているのだという。青年は夜中に蛇が這い出して来ないかと心配する。それに対して娘は、蛇が夜中に必ず這い出してきて眠っている彼女の首をしめる、「ゆううつなれど　蛇にしめられると　いっそ死んでしまいたいほどいい気持や」と答える。夜が更けて、緊張感のあまり眠れない青年は、緊張が頂点に達したときに娘の首をしめる。

朝になって目を覚ました青年は、娘がすでに起き出して、義兄に見ず知らずの男を泊めたことを責められているのを見る。娘はそれにはお構いなく、蛇が逃げ出してしまったことを気に病んでいる。その場をそっと抜け出した青年は、再び沼にゆき、沼に向けて銃をズドーンと撃つ。これがラストシーンである。

この物語の中で、首をしめられるものとしての、雁と乙女、首をしめるものとしての、蛇と青年、の秘められた結びつきが感じとられるが、その乙女自身も雁の首をしめたものであり、青年も夜中には蛇に首をしめられるのではないかという恐れに悩まされる。従って、ヒーローとヒロインと、そこに登場する動物との関係は秘かな同一性によって糸が織りなされ、にわかに、どれがどれとは判定し難い関係にあり、これらは一体として「沼」のイメージに包摂されている。沼はその水面下に一切のものを秘めて不気味な静けさを漂わしている。

「沼」をこのように読みとると、この作品に描かれていることとは、タイトルに描かれている沼の岸に立った青年が、ラストシーンにあるように、ズドーンと銃を発射するまでの一瞬のうちに、彼の内界において生起した現象を描き出したものとも見ることができる。内界の事象は外界の時空の限定を超越しているので、一瞬のうちに多くのことが起り得る。青年が蛇と娘の恐怖におののいた内的経験は、外的には沼へ吸いこまれる危険として感じとられたかも知れない。ここで、彼と沼とをへだてる隔壁が消失し、作田氏の言う溶解指向が生じたものと見ることができる。溶解現象のひろがりの中で、人は同一性の溶解をも体験する。右に示したような同一性の錯綜はそれを物語っている。

沼との溶解体験を作者は見事に「感覚的」に表現する。それは実に触覚的ですらある。乙女の首にまきつく蛇の肌の感触を、われわれは感じさせられる。このような点が、つげを内向的感覚型であるとするところである。溶解体験は自我の同一性の崩壊の危険をもたらす。青年は沼との距離を取りもどすために、ひとつの儀式的行為を必要とする。それがズドーンという銃の発射である、と考えられる。おそらく、作者自身もこの一発の銃の発射によって、さまざまの溶解体験から自分を切り離すことができたのではないかと推察される。

次に、内界に住む心像の不可解さと残酷さについても述べておかねばならない。このような点は、この物語に登場する娘の行動に如実に表わされている。彼女の行為をどのように判断するべきかに迷わされるが、ここで大切なことは、彼女は残酷か否か、その行為が善か悪かなどの判断以前に、ともかくそれはそのようにある（just-so）ということである。感覚は事実をあるがままにとらえて、そこに判断を入りこませないのである。内界に存在するものが、そのままの姿で把握され描かれるという、このような傾向は、違った表現法ではあるが、萩尾望都の作品においても認められる。

内奥からの異議

現在の青年の感性が内向感覚機能と結びついて開発され、それがそのまま表現されるとき、一種の内奥からの異議申し立てとなってくる。つまり、成人の自我はその社会の規範を受け容れて形成されているので、成人が一般に外界や内界を知覚するとき、それは社会的規範に沿ったものとして受けとられる。たとえば、傷ついた雁を水中から拾いあげる少女は、「それを救い出す」ものとして知覚されやすい。自我の在り方がその知覚を限定するのだ。しかし、つげ義春が自我の限定にとらわれず、内なる少女のそのままの姿を直視するとき、それは一般の期待と異なる行為をするのである。つげはただそれをそのまま描くわけだが、それは社会の一般的期待を破る衝撃となり、強い異議申し立てとなる。

ジョージ秋山の「アシュラ」が強烈な非難を巻き起したのも同様のことである。アシュラのテーマはカニバリズムである。極端な飢餓状態の中で、人々は生きのびるために人肉を喰わねばならない。このような心像も、われわれが自分の内界の深層をつきつめてゆくと出会わねばならないものである。しかし、このような「現実」も、自我の体制内に受けとめることは至難のことであり、アシュラの像を受け容れ難くて、非難する人の多いことも当然である。アシュラの惹き起す不安は極めて次元の深いものであるが、このようなマンガが出現してくることは、既に述べたように、現在の青年の退行の次元が非常に深い事実を反映しているものと思われる。

近代になって自然科学の発展が急激となり、自然科学的なものの見方が文明国においては大勢を支配するようになってきた。それと関連して、外向的思考や感覚の機能は一般に重視されるが、内向感覚機能はそれらと相容れぬものとして軽視された。従って、内向感覚型の人は現代の社会においては下積みの生活を余儀なくされる。あるいは、無理をして自分にとって不得意な機能を何とか開発し、この社会に適応することになる。このような中で、つげ義春のように思い切って、自分の得意な内向感覚の機能を発揮すると、現在の社会の一般の傾向と相反するものであるため、それだけで強い衝撃を与えるものとなるのである。青年はいつの時代においても、その社会の体制に何らかの異議申し立てを行いたいとの欲求をもつ。前述のようなマンガは、そのような意味でも、青年の感性にアッピールするものがあると思われる。

既存の体制を破壊し、そこに思いがけない結合をもたらし、ときに創造にまでつながってゆく行為をなすものとして、トリックスター（神話・伝説などに出てくるいたずらもの。いたずらが創造行為に結びつくことがある）の存在が最近とみに注目されている。つげ義春は、彼の夢日記を公表しているが、[10]その中にトリックスター像が現われていて興味深い。彼は自分の夢をほとんどそのまま描いて、「アルバイト」というマンガの草稿を発表しているが、その話の終りのほうに、まったく唐突に狸が出現する。うるさいと言われながら、「ヒョコ」と顔を出すのだが、最後に「狸汁にして食べてしまうぞ」とどなられて、アルマジロに化けて地底の穴にすっこんでしまう。これを見ていると、彼の有名な「ネジ式」のマンガの中で唐突に現われてくる機関車を想起させられる。しかも、機関車を運転している子どもは狐の面をかぶっているのだ。これらの像は、つげの心の中に存在するトリックスターの見事な顕現であると思われる。[11]

いま、トリックスター像について指摘したが、このようにしてみると、マンガはユングのいう元型的な心像の断片化されたものの集積場ともいうことができる。たとえば、脇明子は、竹宮恵子の作品にしばしば出現する「永遠の少年」の元型的心像について論じている。[12]元型的なイメージは、ある時代にある天才によって把握され、それがある集団にとって普遍的なものとして認められるとき、それは宗教的な意味をもつことが多い。たとえば、ユングが述べているように、キリスト像を、元型としての「自己」の象徴と見ることもできるし、ギリシャ神話に登場する神々を、何らかの元型像として考えてみることもできる。

ところで、現在の多くのマンガの素材には、これらの元型的な心像が手軽に切り取られたり、倭小化されたりして用いられていることが解る。それは、安手の英雄や神の活躍の場である。

既に述べたとおり、近代科学によって武装された現在人の意識は、在来の宗教を受けつけるのに困難を感じている。「合理的」判断が強化されるにつれ、今までの宗教的な心像の実在性が疑われるようになってくる。実のところ、これは現在人が外向化し過ぎて、内界のイメージと外的現実とを混同することによって、このようなことが生じたのである。かくして、現在人は意識的には宗教を否定しつつ、無意識的な宗教的欲求は増大するばかりである。その間隙を縫って、マンガが活躍の場を見出したのである。鶴見俊輔氏はこのような点について、一九七六年に既に次のように述べている。[13]

「米国において漫画は宗教の役目をノットリつつある。それは言語を新たに設定し、児童を教育し、神話を与え、自由思索の場を提供し、同時にまた画一的理想を人々に投げ、現実とがっしり組み合わさっており、不安定社会における安定を象徴する。」

ここに鶴見はいわゆる大衆漫画の安定性のほうに強調点をおいているが、今まで紹介してきたようなマンガの中には、未だ普遍性を得ないものとして、「新興宗教」的な衝撃性と不安定性をもったものもある。

ところで、深く読めば前述のような読みも可能ではあるが、現在のマンガは残念ながら、あまりにもマスプロ化された商業ベースに乗ってしまったため、元型的イメージの断片の切り売りに堕しているといっても過言ではあるまい。作田氏は青年期の溶解指向が向上指向と結合して、そこに宗教的、芸術的な体験が生じることを述べ、溶解指向と道具指向とが結びつくことはないと指摘している。しかしながら、現在の多くのマンガは、この結びつくはずのない二つの指向が奇妙に結びつき、折角の溶解指向が、画一化され、形骸化された「死せる神像」へと頽落していったものと思われる。現在の多くの青年がシラケを強調するのも当然のことである。

青年期の感性と自我形成

自我と感性

作田氏がS・ホールの言葉を引用しているように、青年期には「世界は奇妙で新たなものに見える」。この「奇妙で新たな」体験を重ねつつ、青年はその自我を確立してゆかねばならない。「これが私だ」と言えるような自我を作りあげ、それがその人の存在する社会と摩擦を生じさせないものとなってこそ、彼は一個の成人となったと言うことができるのである。そのような自我を形成する過程と感性との関係について考察してみよう。

フランスの精神医学者アンリー・エーは、「意識しているということは自己の経験の特殊性を生きながら、この経験を自己の知識の普遍性に移すことである」[14]と述べている。これは意識の、従って自我の、二面性について明確な指摘を行っているものである。すなわち、自我は何かを知覚するとき、それをたとえば、「一本の糸杉」と呼ぶならば、それは糸杉という普遍的な知識に基づいて判断しているわけである。実のところ、ある人があるものを見るとき、それは極めて特殊な一回限りのことを「生きて」いるのだが、それは糸杉を見たという内省なり判断なりが生じた途端に、普遍化され、「ものそのもの」に対して限定がなされたことを意味している。そして、その人は「糸杉そのもの」に対する全体的な感受性に限定を加えているのである。

自我はその拡大のためには、できる限り多くの新しい体験をし、それを知識として自我の内部に整理し蓄積してゆかねばならない。そして、そのような蓄積された知識は何らかの統合性をもつものであり、社会一般の普遍性を共有するものでなければならない。ところで、青年はその自我を新しく作りあげてゆくときに、できるだけ早くその社会のもつ知識体系を吸収しなければならぬという欲求と、それが「新しい」ものであるためには、それまでの社会の共有しているものと何らかの意味で「異なった、新しい」ものでありたい、というジレンマに直面する。作田氏のいう道具指向や向上指向にのみ依存するとき、青年は早く有能な成人になり得るとしても、それはあまりに体制順応型となってしまう危険性をもっている。それを活性化し、個性的なものとするためには、それを裏づける溶解指向を必要とするが、これは自我の統合性を破壊する危険性をもっている。

　青年期の感性は限りない可能性に向けて開かれているが、そこには常に崩壊の可能性もが含まれているのである。このような点を如実に物語るものとして、画家の林武が自分の青年期の体験について述べているのを取りあげてみよう。[15] 林は結婚を決意したとき、妻を養うために画家の職業をあきらめ、他の職につこうとする。このときに彼は一種の何とも言えぬ解放感を味わうのである。それまでの彼は、「道一つ見ても、絵描きになりたいと執着した人間の目でしか見ていなかった」ことに気づいたのである。学校でものを明暗で見ることを学んだので、「ものは明暗に見えた」。それに、「学校で教えた樹木もまた明暗であった。そして塊《マッス》であった。それは現象であって、本質ではなかった」。ところが、彼が画家になる志を棄て、素直な気持でものを見るようになると、明暗とか、塊《マッス》などということを超えて、ほんとうのものそのものが見えだしたのである。彼はそのときの感激を次のように書き記している。

　「そのとき僕は、歩きなれた近くの野道をぼつぼつと歩いていた。すると突然、いつも見なれていた杉林の樹幹が、天地を貫く大円柱となって僕に迫ってきた。これは畏怖を誘う実在の威厳であった。形容しがたい宇宙の柱であった。僕は雷にうたれたように、ハアッと大地にひれ伏した。感動の涙が湯のようにあふれた。」

このような体験をもとにして彼の名画が生まれるのであるが、ここに彼がこのような体験を自らのものとし、他人に伝達可能な方法によって――彼の場合は、絵画という作品によって――、表現し得たことに大きい意味があると言わねばならない。林は同書の中で青年期にひどい神経症になったことを述べているが、それは、彼が自我の崩壊のぎりぎりの線上に立って、感性の可能性の世界に挑戦していたことを示すものである。この戦いに破れたものは、ひどい精神障害に陥ることになるであろう。

青年期において、自我は新しい世界に向けて開かれつつ、そこに体験することを自らの中に統合してゆかねばならない。そのときに、どのような人間にとっても直面しなくてはならぬ問題として、性《セックス》ということが存在する。性の問題は、人間の歴史を超えて存在すると言っていいほどの古い問題である。しかし、個々の青年にとっては、新しく体験する未知の領域なのである。子どもの自我が顕在的な意味における性ということ抜きで、一応の形成を終えたと思うとき、性の問題が生じてくる。いかなる思春期の人間にとっても、それは計り難く、強いものとして感性に訴えてくるものである。

青年期の心理について興味深い論考を述べている笠原嘉氏は、青年期の特徴のひとつとして、「わが身体」との最初の出会いのとき、という示唆にとんだ表現を行っている。[16] 青年が「わが身体」と出会うとき、そこには漠然としていて自覚され難い性の衝動も存在している。それは、いわば内なる身体性として意識されるものであろう。マンガの低劣さを攻撃する人は、そこに性と暴力の主題がいつも取りあげられていることを非難する。確かに、そのような低俗なものは数多く存在しているが、それは青年たちの「身体性へのかかわり」を反映しているものである。性は生理的であり心理的である。自我はそれを無視することもできず、それと正面から取り組むのには危険が大きすぎると感じる。性が青年期の感性を論じる上において大きい意味をもつのも当然のことである。

自我の確立

青年は既に確立している社会の規範に沿って多くの知識を獲得したい欲求と、既製のものを破壊するほどの新奇なものを求める欲求との間にジレンマを感じる。そのジレンマの中に身をおき、苦悩に直面してゆくことによって、その青年の個性が磨かれ、自我が確立してゆく。このような人格発展の過程を、一人の主人公の体験を中心にして描かれた小説を教養小説（Bildungsroman）という。これは特にドイツ語文化圏に多く、有名な『ヴィルヘルム＝マイスター』などがこれにあたる。青年たちは、このような教養小説を読み、主人公に同一化しつつ、自己の発展の道を探索するのである。戦前までは、このような教養小説は、わが国の高校生の必読書であり、彼らが成人した後も、いわば「共通の体験」として、同世代の連帯を支える役割をもったものである。現在の状況は、既に述べたような感性の次元の急激な拡大と、それに伴う価値の多様化によって、「必読書」的な教養小説を喪失していると言えるであろう。おそらく、同世代の者が共通体験としてあげ得る書物は、マンガの類になるのではなかろうか。

教養小説として、現在の青年にも相当に読まれているものとして、ヘルマン・ヘッセの『デミアン』がある。この小説の冒頭にヘッセが「二つの世界」の存在を語っているのは非常に示唆的である。主人公のジンクレエル青年にとって、両親に代表されるような、「愛情と厳格、模範と訓練」といった、明らかできよらかな世界と境を接して、「怪談や醜聞」に満ちて「美しくものすごい、あらあらしくて残酷な」世界が存在していた。この二つの世界に対するジンクレエルのジレンマこそ、先に述べたすべての青年の味わうジレンマに他ならない。ジンクレエルは敢えて第二の世界への足を踏み入れ、そこで危険にさらされながら、二つの世界の統合への魂の遍歴を続けるのである。

小説を読むことによって、青年は主人公に同一化し、その感性の世界の拡大と統合をはかる。このようなことは、小説のみではなく、絵画・音楽などの芸術の領域においても生じることである。あるいは、スポーツ選手に対する同一化として生じることもある。筆者は青年期のノイローゼの人々の心理療法に従事しているが、このような青年が有名なスポーツ選手の姿に感動して、自我確立への努力を強化することを、しばしば体験している。テレビというメディアによって、世界的な名選手の映像に直接に接触できることが可能となったために、このようなことが生じやすくなったのであろう。スポーツのように身体の動きによって感性に訴えるものは、直接にその姿を見ることが、どのような言語的表現よりもまさるので、このような点におけるテレビの有効性は非常に高いものがある。

　青年が自ら創作をすることもよくある。詩や小説、絵画などを書いたり、音楽の演奏などもする。これらの創造活動を通じて、青年が鋭い感性によって多くのものを取り入れ、自我を確立してゆくのは当然のことである。筆者のような心理療法家のもとに相談に来る青年たちが、その治療の過程の中で、このような創作をすることがよくある。すなわち、心理療法といっても、結局は悩みを背負った青年がアイデンティティを確立してゆく過程そのものであり、われわれ治療者は医者のように「治療」をするのではなく、その青年の人格発展の道につきそってゆくだけであるから、そこに多くの創造活動がなされるのも、むしろ当然のことと考えられる。紙数の関係でそれらの例をあげられず残念であるが、ここに、ひとつだけそのような青年の作った詩をあげてみよう。二十五歳の同性愛傾向に悩む男性の作品である。[17]

大空高く舞い上るために
俺は大きな翼を用意した
大空を真っ二つに裂くために
俺は鋭利なナイフを用意した

何回も何回も
大きな翼を動かしてみた
だけど俺は知らなかったのだ
大きな翼には
広い大地が必要だということを

この青年の治療者である氏原寛氏は、同性愛という症状の背後にはたらいている「永遠の少年」[18]の元型の存在を指摘している。これはまったく適切なことであると思われるが、この詩からイカロスの飛翔を想起される人も多いことであろう。永遠の少年は大地を離れ太陽に向って飛翔しようとする。しかし、それは危険極まりないことであり、多くの場合、イカロスのように墜死の結末に終ることが多い。この詩の中で、飛翔を欲する青年は、「大きな翼には、広い大地が必要だということ」に気づきはじめている。これは、実に重要な発見である。この青年の治療の経過については述べることができないが、ここに示した一篇の詩からでも、このような創造活動によって、青年が自分の内面の世界を見つめてゆくことが理解されると思われる。

最後に、自我の確立と感性との関係において、現在青年の経験している感性刺戟の過剰現象について一言触れておきたい。既に述べてきたように、自我は外界、内界からの刺戟を受けとり、それを自我の体制の中に統合してゆくのであるが、現在のテレビやマンガなどに示される映像は、自我の統合力を無視して、過剰になりつつあると思われる。たとえば、日本の子どもたちの見るテレビマンガは、その残虐性が強いため、欧米においては受けいれられないことが、つとに指摘されている。

日本のテレビマンガではあまりにも安直に破壊や殺人が行われるのである。わが国の青年たちは、ともかくこれらの刺戟を受けいれはするが、それを判断したり、統合したりすることを放棄しているかのように思われる。一時、若者に「フィーリング」ということが流行したが、このフィーリングというのは、既に述べてきたようなユングの言う思考や感情の機能に頼らず、ただ直観や感覚の機能に頼ってしまうことを示しているものと思われる。従って、そこには鋭い感受性と、低い道徳観や判断力の無さが同居することになる。このような点が現在の青年の感性を考える上において重要な課題となるであろう。

マンガの世界では感性は拡大を求めて、どこまでも拡げられてゆく。たとえば、既に少し触れておいたジョージ秋山の「アシュラ」では人肉を喰べることが主題となる。このような凄まじい感性の世界を描きっぱなしにすることはできないので、作者は一人の僧を登場させることによって一種の統合をこころみようとしている。しかし、こうなってしまうと、このマンガの世界の基本構造は、地獄草紙が描かれた頃とまったく変らないことになってしまう。安易に感性の世界を拡大しても、それをいかに統合するかという点で、革新的なものを見出さぬ限り、それは本来的には大きい意義をもち得ないし、古いものの塗りかえにすぎないものとなる。このような点も、現在の青年の感性の世界を考える上において、留意しなくてはならない。拡大された感性の世界を統合するために、現在の青年がいかなる自我を築きあげてゆくかは、残された問題であるように思われる。

(1) 石子順造『戦後マンガ史ノート』紀伊國屋書店、一九七五。
(2) 荻野恒一「劇画の精神病理学」、『現代思想』一九七八年一〇月号。
(3) 石子順造、前掲書。
(4) 筆者の管見しただけでも、『児童心理』(一九七三年九月号)、『現代のエスプリ　マンガ文化』(一〇八号、一九七六年)、『思想の科学』(一九七八年九月号)、『中央公論』(一九七八年一一月号)などがマンガについて特集を行っている。マンガに対する論はこのように相当出つくしている感があるが、筆者はそれらと少し異なる角度から論じることにした。
(5) 上野瞭『われらの時代のピーター・パン』晶文社、一九七八。
(6) 作田啓一「青年期の感性」、『岩波講座　子どもの発達と教育』6、岩波書店、一九七九。
(7) この夢についての詳細は、河合隼雄『影の現象学』思索社、一九七六、参照。
(8) 荻野恒一、前掲論文。
(9) 『つげ義春集』筑摩書房、一九七八。つげ義春の作品論が巻末にあげられている。

(10) つげ義春「夢日記」、『ポエム』一九七七年一月号。

(11) もっともそれは少しの反撃によって、アルマジロのようにすっこんでしまうもののようだ。つげ義春の生活様式を反映しているのではないかと思われるが。

(12) 脇明子「永遠の少年」、竹宮恵子『変奏曲』朝日ソノラマ、一九七七、巻末解説。

(13) 鶴見俊輔「物語漫画の歴史」、副田義也編『現代のエスプリ　マンガ文化』一〇八号、一九七六。

(14) H. Ey, La Conscience, Paris, 1968. 大橋博司訳『意識』みすず書房、一九七一。

(15) 林武『美に生きる』講談社、一九六五。

(16) 笠原嘉『青年期』中公新書、一九七七。

(17) 氏原寛「永遠の少年―そのおごりと傷つき」、河合隼雄編『心理療法の実際』誠信書房、一九七七。

(18) 永遠の少年については、河合隼雄『母性社会日本の病理』中央公論社、一九七六、参照。

象徴としての近親相姦

近親相姦の人間性

近親相姦のタブーは、人間のほとんどあらゆる社会にみられることであり、おそらく、その発生の歴史も極めて古いものであると思われる。もっとも、よく知られているように、古代エジプトの王は自分の姉妹を妃とすることになっていたので、近親相姦が公認されていたわけであるが、これは例外中の例外といってよいだろう。このような現象から考えて、近親相姦のタブーを人類共通といってよいほどの普遍的な、人間性に基づくものであると考えるのは一応当然のことであろう。しかし、筆者は近親相姦の問題を考える上において、まずその点から吟味する必要があると考える。

人間の無意識内に、近親相姦の願望が存在することを明らかにして、世界の人々に強烈な衝撃を与えたのは、フロイトであったが、彼も近親相姦のタブーが人間特有の「文化」によるものであることを、まず強調している。つまり、まったく「自然」のままの動物は、別にそのようなタブーをもたないが、人間のみが文化的に近親相姦タブーを作りあげてきたと考える。そして、実は無意識の世界には、「自然」のままの、あるいは動物的な近親相姦の傾向が存在しつづけているというのである。人間がいかに文化的であり、動物とは異なるものであるかを誇っていた、ヴィクトリア王朝文化の時代における、フロイトのこの宣言は、まさに衝撃的であったと思われる。そもそも、近親相姦を意味するインセストという語は、ラテン語の incestum（低劣な）から生じているが、これは、動物のように低劣な行為であり、高尚な人間のすることではないという考えを反映している。

　人間の文化を高尚と考え、低劣な部分を動物に投影する考えの誤りが、二十世紀も後半になってから、だんだん明らかになってきたように思われる。地球上において繰り返される人間同士の殺戮行為は、もしも他の動物に判断力があるならば、もっとも低劣と思われるのではないだろうか。近来に急激に発達してきたエコロジーの研究によって、攻撃性という点について、動物は見事といってよいほどの抑制力をもつことが明らかにされている。ローレンツの名著『攻撃』などによって、周知のことと思うので、ここには繰り返さないが、人間が今まで自分の攻撃性を投影しつづけてきた狼などは、実に素晴らしい抑制力をもっていることが明らかになった。

　攻撃性のみではない。最近になって人間以外の霊長類の行動の研究が詳細に行われるようになったが、そこで、猿などには近親相姦タブーの存在することが明確になってきたのである。もっとも、猿などの場合は、母＝息子の間のことだけであるが、これは、そもそも誰が父親かということは、彼らにとって不明なことなので当然である。というよりは、同じ近親相姦といっても、後にも触れるように、母＝息子に対して、父＝娘、兄＝妹などの場合は、次元が異なるものと考えるべきであろう。つまり、母＝息子の関係は動物にまでさかのぼる歴史をもつが、そもそも、父ということが問題になるのは、人間の歴史になってから——それもおそらく、長い歴史を経た後——のことであろう。

ところで、母＝息子間の近親相姦タブーが猿に存在するとなると、近親相姦は動物的で、そのタブーは人間的、文化的であるということは、考え直さなくてはならなくなる。そこで筆者の考えたことは、動物に自然にそなわっていた攻撃に対する抑制心の解放から人間の文化がはじまったように、近親相姦に対する自然のタブーから解放されることによって、まず人間の文化がはじまったのではないかということである。もちろん、その後、人間は自ら解放した攻撃性や性欲を、いかに意識的に抑制するかに莫大なエネルギーを使用しなくてはならなくなったわけであるが。動物が生来的にそなえている抑制力を解放し、次にそれをコントロールするという、いわば二重否定のような構造が人間の文化の基本に存在していると思われるのである。

あまりにも攻撃的で残酷な行為や、近親相姦の行為を、動物的とか犬畜生にも劣るなどと表現していたことは、まったく人間のひとりよがりの投影であり、訂正しなくてはならない。むしろ、近親相姦願望こそは、すぐれて人間的なものであるというべきではないだろうか。猿であれば決して愛の対象として選ばれることのない母親を、敢えて愛の対象としようとする願望を抱いたところから人類の文化がはじまったのではないだろうか。

象徴としての近親相姦

近親相姦について、少し思い切ったことを言いすぎたかも知れない。実のところ、「猿の時代」に続いて、近親相姦が公然と行われた人間の時代があり、文字をもつようになった頃までに、近親相姦タブーが確立したなどということは立証されていない。ここで強調したいことは、攻撃や近親相姦が動物的なものではなく、むしろ極めて人間的であり、人間の特徴は、それを一面的に肯定するのではなく、その肯定と否定の間の統合の道筋に、その文化を築いてきたということである。

相反するものの統合、それは象徴によって行われる。人間は象徴を生み出すことによってしか生きのびてゆくことはできない。それは絶えることのない創造の過程である。人間が相反する二つの存在の片方にのみ注目し、片方を忘れ去るとき、そこに文化の流れの停滞が生じる。ヴィクトリア王朝文化の爛熟した停滞の中で、人々の忘れ去った半面に注意を喚起し、衝撃を与えるためには、フロイトの行った、人間の心の中に存在する「動物性」の指摘は大きい効果をもった。彼は敬虔なる宗教の中にひそむ性欲のリビドーの存在を指摘し、偉大な芸術家レオナルド・ダ・ヴィンチの近親相姦願望を名画の中に探りあてたりして、世に警鐘を与えたのである。しかし、現代人に対して、人間のもつ動物性を指摘したり、人間の攻撃性や性欲の強さを立証したりしても、どれほどのショックを与えることだろう。人々はまったく当然のことを聞いたというだけで、そこから何らの創造も生まれないのではなかろうか。

ここで、エピソードをひとつ。心理療法を受けにきていた、ある女子高校生は近頃はやりの漫画の愛読者であった。彼女は毎回自分の好きな連載漫画の筋を治療者に話してくれていた。ところが、ある回に、今度のは一寸先生には刺戟がきついとのことで話をしてくれなかった。その回は実は近親相姦の話が描かれていたのである。近親相姦のテーマは、現代の女子高校生にとっては、漫画でおなじみのことなのである。ただ、賢明にも、それは大人には少し刺戟がきつ過ぎることを知ってはいるが。

現代の若者にとって、近親相姦が漫画でおなじみの日常的なテーマとなった場合、それは今も創造的な意味をもつのであろうか。フロイトが彼の時代に抑圧されていた性の存在を指摘したことは、それまで隠されていたアンチテーゼを顕在化することにより、創造へと向う対極を明示したことになる。しかし、現代人はそれほど性を抑圧しているだろうか。もちろん、現代人をいかに定義するかによって、これに対する答えは異なってくるであろう。ただ、現在この世に生きている人というのであれば、今も強い性の抑圧のもとに苦しんでいる人が多くいることは事実である。しかし、まさに現代を生きているという意味における現代人にとっては、性の抑圧はそれほどの意味をもたないであろう。

筆者は、多くの現代人が抑圧しているのは、フロイトの時代とはむしろ逆に、「霊」あるいは「魂」の問題ではないかと思っている。現代人は性なる世界を重視するあまり、聖なる世界の存在を忘れているように思えるのである。筆者はいつか、フロイトの時代には、大学教授は性のことを語るのに顔を赤らめなければならなかったが、現代では、大学教授は霊のことを語るのに顔を赤らめなければならない、と書いたことがある。

いささか顔を赤らめながらではあるが、ここで、近親相姦における霊的側面について述べてみようと思う。この点を明確に意識化することによって、近親相姦が現代人にとっても創造的な意味をもつようになると思われるのである。今まで述べてきたような考えによって、フロイトと対立し、結局は訣別を余儀なくされたユングは、彼の『自伝』の中に、次のように述べている。

「私にとっては、近親相姦はきわめて稀な事例においてのみ、個人的な悶着の種を意味していた。通常、近親相姦は高度に宗教的な側面を有しており、そのために近親相姦の主題は、ほとんどすべての宇宙進化論や多数の神話の中で決定的な役割を演じているのである。しかるに、フロイトはその字義どおりの解釈に執着し、象徴としての近親相姦の霊的な意義を把握することができなかった。」

母と息子

近親相姦の霊的意義とは何であろうか。それを、母と息子の場合について考えてみよう。既に述べたように、近親相姦の中でも、母＝息子関係は、もっとも根源的なものである。それはつまり、猿などの行動を見ていても、彼らも既に「母」に対する認識は存在し、母＝息子相姦のタブーが存在しているからである。このタブーを破ることは、従って、名状し難いおそれの感情を惹き起すことになる。

現代の若者にとって、近親相姦のテーマは漫画でおなじみの日常事であると述べた。しかし、このことは近親相姦そのものが、彼らにとって日常的であることを意味していない。何かを「知る」ということには、常に次元による差が存在する。近親相姦のお話を知っていても、それは、そのものの意味について知っているとは限らない。漫画文化で鍛えられた青年でも、自分が近親相姦の夢を見たときは、ショックを受ける。

夢の中で、自分を誘惑しようとした女性が自分の母であることを知った青年は、名状し難いおそれの感情を体験しつつ目覚める。それは、彼に言わせると「単に禁制を犯したなどというおそれとは、もっと違って」いたのである。このことは、次のように言いかえられるかも知れない。現代の青年たちは禁制を破ることに対するおそれは少ない。どうせ人間の作ったものだ、むしろ、それは反対し破壊することに意味があるとさえ考えている。

しかし、ここで彼の破ろうとしたタブーは、人間が作ったものではない。それは人間の作った法ではなく、自然の法である。ただ、既に述べたごとく、人間は敢えてそのタブーに一度挑戦し、再びそれを肯定するという複雑な過程を経てきている。従って、近親相姦タブーを破ることは、人間の意識構造のみでなく、その全存在にかかわるおそれを惹き起すのである。人間の意識のみではなく、全存在をゆすぶる体験を、霊的な体験といってよいのではなかろうか。

　自分の全存在をかけて、自然の法に挑戦することによってこそ、人間は霊的な体験をなし得るのではなかろうか。ここで、自分の母と合一することは、何を意味するかを考えてみなければならない。母とは息子にとって、自分という存在の生み出されてきた本体である。母との合一は、原初の状態への回帰を意味する。原初への回帰は、おのれの存在を、より根源的なものへと合一せしめることを意味し、それは自我の放棄を要請する。ここに、強いおそれの感情が生じる。しかし、一方では、これは又とない絶対依存の悦楽にも通じている。近親相姦に伴うおそれの名状のし難さは、それは、おそれの背後に限りない快感を含んでいるからであろう。それは、ときに快感のほうが名状し難いものとして意識される場合もあることによって立証される。

　原初的存在との合一の後に、放棄された自我が回復しないときは、完全な破滅が訪れる。この危険性があまりに大であるために、人間は一度挑戦したタブーを再び取りあげることになったのである。エディプスの悲劇は、タブーを破ることの恐ろしさを如実に示している。彼の悲劇はそのようなことを、自ら知らないままに——すなわち、無意識のうちに——やってしまったことである。神々はその行為を許さなかった。近親相姦は神々にのみ許された行為であったのである。近親相姦を行っても、ギリシャの神々は破滅することがない。かくて、神々は永遠の生命を楽しむことができる。

人間が神々に敢えて挑戦しようとするとき、それは近親相姦タブーの意識的な破壊でなければならない。強い意識の力をもって、われわれは母との合一を体験しつつ、なおその中から再生し得るとき、それは限りない創造的な過程となるであろう。ここに近親相姦の象徴次元における創造の秘密が存在している。

レオナルド・ダ・ヴィンチの近親相姦願望も、このような観点からみるべきことを、ユングの高弟ノイマンは、『芸術と創造的無意識』の中で強調している。レオナルドが自らそのような願望に身をまかせる強さをもったことこそが、彼の創造性を示しているのだと、ノイマンは述べている。レオナルドのような天才が、自分の中にある母なるものとの合一を可能とするとき、おそらく、彼は伴侶としての生きた女性を必要としなかったのではないか。彼は生涯独身であったが、おそらく十分に女性性を自ら有していたのではないかと考えられる。

母なる大地との一体感、そこにわれわれが死と再生の体験をすることができれば、それは創造性へとつながることは言うまでもない。このことが、母＝息子近親相姦の象徴性を、もっとも端的に表現しているものであろう。原初なる母への回帰を、神の守りの中で行おうとする考えから、オリエントの宗教に特徴的に見出される聖娼の制度が生じてくる。この点について詳述する紙数はないが、その基本的なアイデアは、大地母神イシュタルとの合一を、そこに経験し、参拝者は新なる生命を得ることにある。近親相姦は神のみに許される行為であると述べたが、ここでは、大地母神の守りの中で、宗教的儀式としての母との合一が許されるのであり、そこにおいてこそ、人は霊的な体験をなし得るのである。日常的次元では近親相姦タブーは行われるが、非日常の次元では近親相姦は体験され、創造のエネルギーが与えられるのである。

ところで、このような母＝息子近親相姦の側面の象徴の次元においてさえまったく否定することによって出現した新しい宗教が、ユダヤ＝キリスト教であることは周知のとおりである。それは霊的な世界における身体性、エロス性を否定した宗教である。かくて、ヨーロッパの文化においては、近親相姦タブーは極めて強烈なものとなり、それによって生じるエディプス・コンプレックスは、フロイトがかつて行ったように、ヨーロッパの文化のすべての根底に存在しているかと思われるほどのものとなったわけである。

父と娘

キリスト教文化が母＝息子近親相姦の否定の上に立っているとするならば、はたして日本はどうであろうか。日本は精神史的にみると、未だ母＝息子近親相姦の状態の中で、まどろんでいると言えるのではなかろうか。これがおそらく、日本人が西洋の真似をして、フロイト流にエディプス・コンプレックス理論をふりまわそうとしても、なかなかうまくゆかなかったことの理由ではないかと、筆者は考えている。日本人は良い意味でも悪い意味でも、原初の母なるものの存在と切れていないのである。日本では母なるものとの合一がタブーではなく、母なるものからの分離がタブーとなっているとさえ言える。

近親相姦の問題を象徴的な次元で考えるならば、西洋においては、母＝息子相姦における創造的意味が既に述べたように大きくクローズアップされるが、日本においては、むしろ父＝娘相姦の次元のほうが意味が大きいのではないかと思われる。すなわち、母＝息子相姦のタブーが確立した西洋社会において、敢えてそれに挑戦し、母なるものとの合一をはかることが創造性へとつながったのであるが、日本では事情を異にしていると思われるからである。日本人が原初的な母なるものの存在と切れていないということは、西洋人と異なり、自分の身体性、エロス性をひきずったままでもっていることを意味する。母性と切れた西洋人の自我は象徴的に男性（息子）で表現するのが適切であるが、日本人のように母性とつながったままの自我存在（自我と言えるかどうかも疑問だが）は、むしろ女性（娘）として表現するのが適切ではなかろうか。とすると、肉体をそなえたものとしての、母＝娘一体感の中から、敢えてタブーを破って、娘が父との結合をはかろうとするならば、それは極めて創造的なことと言わねばならない。

このような観点から日本の文化をみてゆくと、実際的にも象徴的にも、父＝娘結合の問題が背後に強力に存在していることに気づかされる。しかし、日本人は全体として、まだ、まだ、この関係について無意識のように感じられる。特に西洋においては、母＝息子近親相姦は、父と息子とのドラスティックな戦いを通じて行われるので、顕在化されやすいが、日本のそれは、母と娘の隠微な、戦いとも和合ともつかぬ関係の中で、スピリットとしての父を求めてなされるものであるだけに、意識化され難いのではないかと思われる。日本の創造活動には、多くのかげりがつきまとうのである。西洋における近親相姦が、一度否定された身体性への回帰という点で、そのまま「性」に結びつくのに対して、わが国の場合は、近親相姦の相手がスピリットの体現者の父であるので、そこには直接的に「性」がはたらきにくいということもあり、ますます微妙なことになってくると思われる。

父＝娘相姦の問題は、今までの論点を離れて、実際的なこととして考えてみると、父親の娘に対する近親相姦願望が、現代のわが国では大きい課題であることも、少し述べておかねばならない（このことも、結局は今まで述べてきたこととつながるのだが）。わが国では、性に対するタブーは西洋ほど強いものではなかった。それが西洋文明との接触によって、性のタブーがにわかに強くなってしまった。しかも、その根底に存在する宗教的側面とまったく切り離されて、それが輸入されたため、日本の男性は、旧来の母＝息子相姦関係に安住している人を除くと（こんな人は案外多いのだが）、非常に困難な状況に陥しいれられたことになる。彼と妻との関係は、多くの場合、あまりにも母性的要素が強すぎるし、さりとて、自分の霊的な求めに対応する女性を妻以外に探し出すことは、彼の強いタブー感が許さない。とすると、そのような希求は勢い娘へと向けられてくる。このためにその結合は極めて強力になり、お互いの不幸を招くほどのものになってしまうのである。

　近親相姦の問題では、次に兄＝妹、あるいは、姉＝弟などのことも考えねばならない。古代エジプトのファラオがそのような結婚を許されていたことは、当時の人が信じていたように、神のみが、つまり神と同格のファラオのみがそれを許されていたのだと考えられる。柳田国男の「妹の力」の指摘を待つまでもなく、妹の力は偉大であり、それとの結合は、まさに創造性へとつながってゆくものであるが、この点についてはまた稿を改めて論じなくてはならない。

家庭教育の現代的意義

家庭内暴力

最近は教育問題について考えさせられることが多い。新聞紙上には、教室内で自殺した小学生とか、中学生の殺人事件とか、ショッキングなニュースが見られるが、これらの個々の現象をどうみるかということも大切なことながら、これらをより根本的な、わが国における教育問題のあらわれとして、ひろい観点から考察してみることも必要と思われる。現代のわが国が教育についての根本的な問題に直面していることは、多くの人に感じとられている。従って、教育論議は極めて盛んであり、多くの雑誌が特集を出し、出版物も多い。しかしながら、多数の人々が教育の制度や、学校の在り方などについて論じ、家庭の教育については、いわゆるハウツー式のものにまかせてしまって、正面から論じることが少ないように思われる。学者あるいは評論家は「天下国家」のことを論じても、家庭のことは「女・子供」のことであるとする考えは未だに強いのではなかろうか。

ところで、筆者が敢えてここに家庭の教育を論じようとするのは、現代のわが国における教育の根本問題のひとつが家庭における人間関係の中に露呈されていると思うからである。筆者は心理療法家として、家庭における悩みについての相談を受けることが多いのであるが、最近に特に感じることは、来談される人の中に、一般からは教育の「専門家」と思われている人が多くあるということである。これらの方とお会いして思うのは、これはいわゆる「紺屋の白袴」的な問題ではなく、わが国における現在の家庭の問題がいかに深刻であるかを反映しているということである。これらの人々は家庭教育に不熱心なのではなく、両親ともに教育に熱心な人が多いのである。よく言われるように、子供が悪いのは親が悪いなどという図式は、この人たちには適用し難いことが多い。

自分の子供がはっきりと「問題児」というのではなくとも、子供の教育の問題に心を悩ませている両親は多いのではなかろうか。はたして、子供を塾に通わせるのはいいことであろうか。あるいは、子供をどのような学校にすすませるべきであるか。これらのことを端緒として夫婦の争いが生じることさえある。あるいは、来談したある会社の社長が、自分は会社の従業員二百名をあごで使える自信があるが、自分の息子に用事を言いつけることが出来ない、と嘆かれたように、子供に対する権威を失ってしまった親も多いのである。このようなことをあげてゆくと、多くの親が同一の悩みをもっていることを認めるのではないだろうか。しかも、その人たちは社会においては判断力もすぐれ、有能な人として活躍し、信頼されているのである。

家庭内における親子関係を考えさせる現象として、子供たちの家庭内暴力の増加があげられる。それまでは、親も他人も極めてよい子と思っていた子が親に対して暴力をふるいはじめる。これは男子のみではなく女子の場合もあり、女子でも力が強いので母親を骨折させたりする。親のほうも耐えかねて、一一〇番することさえある。このような子供の特徴は、家庭外の人に対してはむしろ礼儀正しいと言うべきで、家庭内での子供の暴力を親が学校に訴えても、担任の教師は「あんないい子が」と言うので信じられないことも多い。

このような話を聞くと、両親の教育態度が悪いのだろうと思う人もあろうが、実のところ、一般的な規準に照らす限り、それほど大きい欠点を見出すことができない。子供が暴力をふるいはじめてからも、ときには怒らずに黙って耐え抜こうとしたり、あるいは逆に、親も裸になって子供と取り組んだりして、涙ぐましい努力を払っている親もある。しかし、問題は簡単に片づかないのである。

このような問題に対して、「父親不在」ということが最近では強調されはじめた。そして、「明治の父」の強かったことを想起し、単純に「昔はよかった」という感情と結びついて、明治の父の復権を説く人さえある。これに対して、父権の重要性の強調が、復古調や右傾化と結びつく可能性があると危惧する人もある。確かに、現在の日本の家庭において、父性の欠如が大きい問題点となっているが、それから直ちに明治時代への復古に結びつけるのは早計にすぎると思われる。その前に、われわれは家族とは何か、日本人にとって家族とは何を意味したかについて、よく考えてみることが必要と思われる。

家族の形態と構造

家族の問題を考える上において、それは文化の差によってさまざまの形をとるので、古くから、家族をいろいろに分類することが行われてきた。たとえば、居住規制によって、父居制、母居制、新居制などに分類したり、権威の所在によって、父権的、母権的などに分類したりする。あるいは、家族構成によって、核家族、複合家族などに分ける。ところで、わが国においては、戦後になって、以前の複合家族で父権による権威主義だった家族の在り方が、核家族で民主主義的な在り方を理想として変化してきたものと言うことができる。経済の急激な成長によって、核家族化が思いの他に促進され、理想的な家族の在り方に近づいてきたと思われていた最近において、既に述べたように、家族の問題が次々と生じてきた。そこで、結論を急ぐ人々は、昔の大家族がよかったとか、「明治の父」は立派であったとか、復古調の家庭教育論を述べるようになったのである。

ここで、われわれが考慮しなければならないのは、戦前の日本において、父権的複合家族という形態をとっていた家族は、いかなる構造に支えられていたか、ということである。ここに、支えとして取りあげた「構造」とは、明確には人々に意識されてはいないものの、漠然としたものとして人々の心に共通的に存在し、それを踏まえてこそ、家族が家族としての存在を安定させているような、潜在的な心の構造を指しているのである。

日本の「家」のしがらみの強さは、個人の成長を妨げるものとして作用する。このことを強く自覚する人が、家あるいは家族に対して反発を感じるのは理解できるが、そこで、家のもつ父権的な権威に対抗しなくてはならないと考えるのは、実状に合わないように思われる。ここで、家族の中で父と母とどちらが権力をもっているか、という観点ではなく、父性と母性との根元的な在り方に基づいて、父性的原理と母性的原理のどちらが日本の家において優勢であるかを考えてみよう。この点については今まで他にしばしば論じてきた[1]ので、ここにあまり繰り返したくないが、筆者の主張は、日本の家が強力な母性原理によって支えられている、ということである。母性の原理とは、端的に言えば、すべてのものを平等に包含することで、そこでは個性ということを犠牲にしても、全体の平衡状態の維持に努力が払われるのである。これに対して、父性原理は善悪や、能力の有無などの分割にきびしい規範をもち、それに基づいて個々人を区別し鍛えてゆく機能が強い。教育場面における二つの原理の差は、日本においては小学校ではすべての人を進級させてゆくのに対して、ヨーロッパでは落第やとび級が多いことに如実に示されている。

日本における母性原理は社会全般に強く作用しているものであるが、ここに強調したいのは、そのような社会一般の原理が強く家庭内に浸透しているという事実である。すなわち、個々の家庭はその家なりの強い規範をもつのではなく、両親は子供に対して「人様に笑われないような」、つまり、社会一般の通念に合う人になるように教育をほどこすのである。日本の家庭を西洋のそれと比較して、外圧に対する防衛機能の弱さを特徴とすることは、作田啓一氏がつとに指摘している。[2] 作田氏は、「西欧の近代資本主義社会形成のにない手となったブルジョワの家族は、近代的自我のポジティヴな養成機関であった」と述べ、西洋では家族が密室化され、外圧に抗して親たちは子供の自我の形成のための教育をほどこした点を強調している。これに対して、わが国では「家族こそ外社会の要求へのコンフォーミティを養成する重要な機関」なのであり、家庭は社会の動きとまったく連動しているのである。

このように考えると、日本の家は西洋と異なり、社会に従属して存在し、それらは共に母性原理によって支えられている、という構造を有していることが解る。そのような家における父親は、戦前には「強い」父と思われていたが、実のところ母性原理の推進者としての強さをもつものであり、家と社会とを通じてはたらく母性原理に守られて、父権を行使していたものである。従って、父親はそれ自身として、父性的な強さはもっていなかったと言うべきである。これに対して、西洋の家においては、父親は父性原理に支えられ、社会に対しても独自の規範をもって抗するだけの強さをもち、それによって家族に接していたと思われる。この際、父親たちがその背後にキリスト教における父なる神という像をもっていることの強みも、忘れてはならないことであろう。

西洋においては、このような家庭内の教育によって子供たちは近代的自我の形成を成しとげ、従って、親から自立して核家族を作りあげることが可能となるのである。つまり、核家族という形態は父性原理に基づく構造に支えられて維持されている。この点が明確に把握されていないときに、わが国においては、近代的自我の形成を志した若者たちは、西洋の図式を単純に借り受けて、家庭内における父という権力に抗して、それをなし遂げようとした。そして結局のところは、彼らは作田氏も指摘するように「家出」をこころみることによって、父への反逆を成立させようとしたのである。ところが、実のところ、彼らの自我形成をはばんでいたものは父権とか家などではなく、既に述べたように家庭内に容易に浸透してくる、日本社会全般にはたらいている母性性そのものであったのである。従って、これら「家出人」による自我確立のこころみは本質的には不成功に終ってしまったのも当然のことであろう。

家族構造の亀裂

既に述べたような考慮を抜きにして、日本人は全体として西欧化を目指し、核家族という形態を選ぶ方向へと伸びてきた。しかも、日本の経済の急激な発展と、建築技術の著しい発達とによって、日本の家族形態の変更が急テンポでなされることになった。これによって、日本人は相当西欧化してきたと思っているが、実のところ、日本人の根本的な心性のほうは、それほど急激に変化していないのである。高山に登る人は、だんだんと自分の体の条件を高山に適するようにして、頂上へと登ってゆくという。ヘリコプターなどによって急激に人間を高山に運ぶならば、その人はたちまちにして高山病になってしまうであろう。現代の日本の家族に生じている多くの病的現象は一種の高山病のようなものである。あるいは、家族形態の変化があまりに急すぎて、家族を支える構造が変化しないために、両者の間に生じた間隙に作られた病態であるとも言うことができる。

日本人が核家族を好むことの最も大きい理由は、日本的人間関係のしがらみから逃れたいことであると思われる。確かに、このようなしがらみは個性の伸長を妨げるものである。夫婦二世代が同居しているところでは、別居が可能となったとき、若い夫婦は自分たちの「自由」を喜ぶであろう。しかし、筆者は次のような相談を受けたことがある。夫婦二世代が同居していて、若い夫婦は自分たちの子供の教育に対して、老人たちが何やかやと口出ししてくるのを嫌い、とうとう別居することになった。別居の自由を喜んでいるうちに子供に心理的問題が生じて、筆者のところに来談されたのである。両親に会って筆者がすぐに感じたことは、二人ながら、父として、母として生きてゆくにはあまりに成熟していないということであった。ここに言う成熟はもちろん知能の発達とは関係のないことである。この両親とも大学を卒業しているし知的に優秀な人であった。しかし、彼らは子供に対して、父である、母である、ということについてほとんど訓練を受けてきていないのである。

日本の昔の在り方は、西洋と異なって子供に対して父性的な厳しい訓練は行われない。しかし、結婚した夫婦も大家族の中に包含され（別居していても、心理的には同様である）、日本的「しがらみ」という母性的訓練を経て、徐々に一人前になってゆくのである。そして、ここに大家族という表現をしたが、既に述べたように、日本の家と社会は互いに浸透性が強いので、いわば日本という大きい大家族の中で鍛えられてゆくと言っていいと思われる。ところで、核家族化がすすむにつれて、現在は日本人の人間関係そのもの、つまり、隣近所のつき合いも変化しつつある。「近代人」であろうとする人は、隣近所とのしがらみも出来る限り絶とうとする。かくて、日本の近代人は西欧人の想像のできない奇妙な孤立状態におかれるのである。そして、その孤立した家において、若い両親の父性も母性も不十分であるとすれば、子供が問題を起すのも当然と考えられる。

ここで、西洋の家族について実状をみてみよう。筆者はアメリカにもヨーロッパにもしばらく在住したが、そのときに強く感じたことは、彼らの親族づき合いのほうが日本人よりはるかに頻度が高いということであった。当時、若かった筆者は、家族からの自立↓家族との関係の減少、といった単純な図式を心に描いていたので、このことを理解するのに苦しんだことを覚えている。日本の親族づきあいの頻度が欧米に比べて著しく少ないという事実は、調査によっても裏づけられているが、このことは今までの論に沿って考えるならば、次のように言うことができるであろう。西洋のように父性原理によって個人が鍛えられ自我形成が行われた後では、親族づき合いによって個性がおびやかされることも少ないし、また、父性的な自我確立に伴う孤独感（これは日本人には共感し難いものだが）を癒すためにも、勢い交際の頻度を高めたくなってゆくであろう。

日本人の親族づき合いの頻度が低いからといって、関係が薄いなどと言えるはずがない。西洋人と日本人では「関係」の質が異なっているのである。母性的一体感を基礎にもつ限り、会ったり話し合ったりする頻度などは問題外なのである。ところで、このような日本的関係を自我の確立を妨げるものとして嫌い、そこから逃れでたものの、さりとて西洋人のような親族関係を成立させることのできない人は、どうなるであろうか。というよりは、親族とのつき合いの頻度をへらすことこそ自立であるという誤った図式によって行動している人、というほうが妥当であろう。このような日本的孤立家族に問題が多く発生する。先に述べた事例はこのような家の典型であったが、話し合いを続けているうちに、若い夫婦は老人夫婦のもつ良さを受け容れ、以前よりも両者の交流が頻繁になる間に、子供の問題は解消していったのである。この子供は若い両親の人間関係の改善のために、まさに問題提起をこころみたものと言うことができる。

このような例によって、筆者は、昔はよかったと主張する気は毛頭ない。むしろ、経済や科学技術の発展によって、家族形態に急激な変化がもたらされ、そのことによって基本構造のほうに亀裂が生じてしまった。この亀裂をどのように癒すかは、昔にかえることによってなされるはずがなく、日本人全体の相当な意識変革によってこそ可能ではないかと思っているのである。現在の日本において生じている多くの家庭内の問題を、そのような意識変革ののろしとみることが必要ではないかと思われる。

教育の原点としての家庭

変革ののろしという表現を敢えてしたが、実のところ、子供たちは意識してのろしをかかげているわけではない。彼らはただ無意識的な力によって突き動かされているのである。人間が無意識の力によって動かされるときは、並はずれの強さをもつものである。家庭内暴力の話をよそごととして聞いている人は、そんな家は過保護だろうとか、父親がしっかりすればいいのだとか、簡単に考えるであろうが、実際に事が生じたときは、そんなに簡単に事が運ばないのである。それぞれの両親は何か「いい方法」はないかと苦心する。中には、ものの本に書いてあった方法にそのまま従って、息子と裸になって取っ組み合いをこころみた父親もあった。結果は父親が骨折し、息子の荒れは倍加されるというだけであった。このような涙ぐましい努力も失敗に終り、これらの人は筆者のもとに来談され、何か「いい方法」がないかと尋ねられるのである。そこには、専門家の言うことであれば、どんなことでも子供にしてやろうとする熱気のようなものさえ感じられる。しかし、専門家として、明確に言えることは、そのような名案は存在しないということである。

現在は子育てのための単純なハウツーをもたぬときである。文化が比較的安定しているときは、親たちはある程度子育てのハウツーをもつことができる。しかし、既に述べてきたように、文化の根本的な変革が強いられているときには、簡単な子育ての方式など存在しないのである。われわれはその根本となる原理において、母性原理にも父性原理にも依れない状況におかれている。このため、現在の家庭内の人間関係は極めて実存的な状況に追いつめられているのである。家庭は憩いの場であると言われる。しかし、それは、家庭を支える基本構造が完全に共有されていて（それに関しては無意識なことが多いのであるが）、その支えの中で、各人は家族外の人には見せない自分の影の部分を見せても存在をおびやかされない状態にあるときに、真なのである。ところが、子供たちは今や、日本の家庭を支えてきた基本構造の亀裂の中に落ちこんでもがいており、この子供たちと対決を強いられる親は、自分の存在の根のぎりぎりのところに肉薄されることになる。

現在の日本の家庭のこのような実存的な教育の場から逃避している親は多い。もちろん、常に逃避の行動はそれなりに合理化され、美化されている。このような親の一人が筆者に述べられたことは極めて印象的であった。すなわち、自分は自分の家庭を棄てて、家の他に憩いの場としての疑似家庭を作ろうとしていたと言うのである。この人がどのようなことをされていたかは述べる必要がないであろう。ともかく、家庭外にできる集団は主義や主張や、趣味などを同じくするものである。しかも、そこで主張される主義や、尊ばれる趣味などは常に正しく、立派なことである。その正しさや立派さを免罪符として、そこに何らかのことを共有する母性集団が成立するのである。これらの人の中には、このように家族から自立して、自分の個性を生かして生きていると思いこんでいる人もいるが、むしろ底流に動いているものは、母性原理そのものなのである。本人がどのように錯覚しようとも、慧眼な子供たちがそれを見逃すはずはない。子供たちは何らかの方法を通じて、両親に実存的な対決を迫ってくるのである。

先に、このような両親から相談を受けたとき、われわれ専門家としては「いい方法」をもたないと述べた。方法をもたずにどうして相談可能かと思われようが、むしろ、われわれのいい方法は無いという確信に支えられ、親たちは他人に頼ることをやめ、自らもっとも個性的な方法を見出してゆくのであり、そのときにこそ問題は解決してゆくのである。このような過程の苦しさに耐えかねて、多くの人は他に頼ろうとし、果ては、他を恨み非難することが多いのである。既に述べたように家の外に疑似家庭集団を作っていたと反省した親の言葉や、これらの親の動きを見ていると、われわれは家庭内の最も根本的な教育の問題から逃れるために、その他の教育問題を論じたり、嘆いたりしていることが多いのでないかとさえ考えられるのである。もちろん、経済や科学技術の変革によって、家の根本構造に変革がもたらされようとしている事実からみても解るとおり、家のこと、個人のこと、社会の在り方は常に相互関連しており、どれかひとつが最も大切であるとは言い難いものである。しかしながら、教育についてわれわれが論じようとする場合に、はじめに述べたように家庭のことが小事として忘れられ勝ちになるので、ここに敢えて取りあげたのである。

　天下国家のこととしての教育制度などの改革に取り組むのと同様の熱意をもって、家庭のことにあたる必要性を筆者としては痛感している。日本人の意識革命は家庭内から生じてくるのではないか、おそらく、革命の原動力となるのは「女・子供」たちであろう、と考えられるのである。

（1）河合隼雄『母性社会日本の病理』中央公論社、一九七六。

（2）作田啓一『恥の文化再考』筑摩書房、一九六七。以下、引用は同書による。

偽英雄を生み出した「神話」――映画『ヒトラー』を見る

ヒトラー復活？

ヒトラーの復活が最近になって懸念されているという。『朝日新聞』の昭和五十三年十一月五日付日曜版によれば、ナチス興隆の地、ミュンヘンでは、ヒトラー、ゲッベルス、ヒムラーなどナチス元幹部の生の声を収録したLPレコードが、レコード店に並んでいるという。「アドルフ・ヒトラー」というLPレコードには、反共、ドイツ至上主義を絶叫する七十一種の彼の演説がはいっているとのことだ。もちろん、このような傾向には反対意見があり、西独の保健・青年相のフーバー氏は、ナチズムを知らぬ若者に危険であるとして、発禁を提議したが、レコード業界は受けつけなかったという。無視できないもうけがあるということであろう。

このような動きに加えて、『ヒトラー』という記録映画が上映され、西独では多くの観客を動員して話題になっているという。これは『フランクフルター・アルゲマイネ』紙の副編集長ヨアヒム・フェストによる『ヒトラー』（邦訳『ヒトラー』河出書房新社刊）を下敷きにして出来たもので、長編の記録映画である。フェストによる『ヒトラー』は五年前に出版されて以来、既に五十万部以上を売り尽くしたとのことだが、映画のほうにも一年間で、百万人のドイツ観客がつめかけたといわれている。ドイツでは東独はもちろん西独でも、ヒトラーはタブーであったが、それが破られるや否や、マスメディアを騒がせ、ドイツのみならず、他の国においても、ヒトラーやナチズムの復権を危ぶむ感情が生じてくるのも当然のことである。

映画『ヒトラー』の上映に対しても賛否両論で、「上映を中止しなければ、劇場を爆破する」という電話があったり、フランクフルトでは、上映中のスクリーンに赤ペンキをぶちまける青年がいたり、抗議も強いが、なかには、熱烈なヒトラー讃美者が上映中に流れてくるナチズムの歌に唱和するようなこともあったらしい。映画の内容についても、記録映画として冷静につくられており、これによって観客はヒトラーについて客観的な判断を下せるものだとする人と、この映画によって美化されたヒトラー像のみを受けとり、「英雄」視する危険性があると批判する人とに、対立する二つの意見が存在しているようである。

わが国でも、最近の暴走族が、腕章にハーケンクロイツの紋章をつけ、「カッコウがいい」とうそぶいたり――そのくせ、ナチズムのことをそれほど知っているわけでもないが

――、ファシズムの台頭を危惧させるような動きが感じられる。そこで、話題の『ヒトラー』が封切りされたので、わが国の若者たちがどのような反応を示すかに関心がもたれた。筆者もそのような関心から、『ヒトラー』を見にいってきた。ところで、映画館に入ってみると、広い劇場内にまったくパラパラと人がいて、まず五十人くらいという感じであった。少し拍子抜けのした感じであったが、『ヒトラー』に押すな押すなの盛況を呈すよりは好ましいことと感じられた。やはり、西独と日本では事情がずいぶん違うようだ。少ない観客を見回してみても、それほど熱狂的な感じを受けるような人は全然いない。

映画は私個人の感情としては、なかなか客観的で冷静に構成されているように感じられた。ナレーションも注意深く、むやみにヒトラーを非難もしないが、その像を美化するようなことはもちろんなかった。ただ、記録映画としてならば、ユダヤ人に対するヒトラーの仕打ちをもう少し取り入れるべきだったと思われた。それはあまりにもさらっと触れられている感じだった。何といっても、ナチズムによって、三百万人のユダヤ人が殺害されたことは、まぎれもない事実なのであるから。

ヒトラーがドイツ政府の全権を握ったのが、一九三四年であり、それ以後、ヨーロッパの全土にわたって荒れ狂い、得意絶頂の時を経て、最後に敗軍の中で自殺し果てるのが一九四五年。その間わずかに十一年である。この魔の十一年間に、世界の中で最も高い文明を誇った国々が、今にして思えばまったく馬鹿げてみえる殺人を繰り返した事実を、この映画は実際の記録として、われわれに見せつける。

このようなおぞましいことが、ヒトラーという唯一人の人間によってなされたことの意味ということを、われわれとしては考えざるを得ない。しかも、われわれ日本人は、このヒトラーの側に立っていたのだから、なおさらのことである。その上、わが国の現状について考えをいたすとき、問題はますますわが身に直接に関係することとして、感じられてくるのである。

状　況

ヒトラーの台頭を描くにあたって、映画は当時のドイツの状況を映し出す。世界的な経済危機に加えて敗戦による賠償金のために、ドイツは極度の失業問題をかかえこまねばならなかった。飢え死ぬ人もあり、多くの人は絶望におちいってしまう。その半面では瞬時の快楽に身をまかせる人も多く、セックスや薬物による退廃は極度に達していた。そして、何よりも、若者たちは目標と夢とを失ってしまっていたのである。こんなときに、ヒトラーはまるで救世主のごとく出現してきた。このとき、彼が人々に「秩序」と「希望」を与えるものとして受けとめられたことは、極めて重要なことである。

ここに簡単にスケッチしてみせたヒトラー出現時の状況を、現在の日本のそれに重ね合わせてみる人もあろう。失業、瞬時の快楽の追求、道徳的退廃、若者たちの夢の喪失、などと並べてゆくと、これはわが国の現状を表わしているようにも感じられる。もっとも、当時のドイツと現在の日本とでは、物資の貧困と豊富さという点では類比できないほどの差がある。といっても、豊かさの判断に関しては、人間の判断はまったく主観的なものである。現在の日本で、人々は五十年前の日本やドイツと比較してみて、自分を豊かであると感じたりする人はいない。人々は隣人や知人の所有物と引き比べて、自分の貧困を嘆くのである。自動車を持たない人は持つ人をうらやみ、一台持つ人は二台持つ人をうらやむのである。

　無秩序の状態に秩序を回復し、絶望する人々に希望を与えるものは救世主である。しかしながら、この『ヒトラー』の映画ほど「秩序」と「希望」の恐ろしさをドキュメントとして見せてくれるものはない。そのような意味で、私はこの映画を多くの日本の人々に見て欲しいと思う。秩序と希望のたいまつをかかげて、あれほど高い文化をもったドイツ国民の導き手《ヒューラー》となったヒトラーが、一体人々をどこに導いていったかを、この映画は明確に示してくれる。導き手に逆らったもの、その集団から除外されたものには死が与えられ、導きに従ったものも死に到達するよりなかった。彼らは秩序正しく死という目標に向っていったのである。

　このような表現を、秩序と希望とをあまりにもおとしめるものだと感じる人のために、もう少し詳しく説明することにしよう。人間の行為は多くの場合、二面的である。あらゆる美徳はその影の面をもっている。秩序も希望も、もちろん素晴らしいものであることは言うまでもない。しかし、その影の面に対する自覚をもたぬとき、それらはしばしば「善の名において悪を行う」ための標識になり下がってしまうのである。その上、ここに集団としての人間のかかわりが重なってくるとき、ひとつの標識のもとに集合した人々は、個性の抹殺の上に立つ秩序をつくり出そうとするのである。それは、集団の個々の成員が、おのれの内的規範に導かれて、それに従って生み出される価値の高い秩序とは異なったものになってしまう。おしきせの「希望」もまた、集団の成員の個性を破壊するものだ。

ヒトラーが最初のクーデターに失敗し、それ以後に戦術を転換し、ソフトな面を前面に出してくるところも印象的であった。彼はこれまでとうって変って、子供たちと握手したり、にこやかにサインをしたりのサービスに努める。首相になってからの彼は、一方で突撃隊などによるユダヤ人の迫害などを容認するが、一方では、民衆の心を歌や踊りで引きつけてゆく。ヒトラーのこのような二面性は映像を通じて見られるだけに、極めて印象的であった。彼は歌って踊って（影で殺害しつつ）革命に成功し、成功するや否や「今後千年、ドイツに革命はない」と宣言するのである。このあたりのところは、現代に次々と生じてくる「革命」運動に、われわれがだまされないようにするための教訓を見事に与えてくれている。われわれは口あたりのよい革命を、まず疑ってみる強さをもたねばならない。

それにしても、この映画を見て、ヒトラーとは何者であったかという問いとともに、人間とは何であるか、との問いが心に生じてくる。今から見れば——チャップリンがかつて見事に演じてみせてくれたように——、一人の道化ともピエロとも見える人物に、かくも容易に踊らされた人間とは何か、と考えざるを得ないのである。しかも、われわれ日本人は、ヒトラーの率いるナチズムに加担したのだから、人間とは何かなどと言っても、それは他人事ではなく、自らのことであるのを意識した問いでなければならない。

神話

ヒトラーという一人の人間に、これほどまでに引きまわされた人間とは一体何かという問いに答えるには、まず人間を動かす原動力となるものを見きわめねばならない。ヒトラー伝を書いた前述のフェストも「ヒトラーが単なる犯罪者でしかなかったら、あれほど国民の心を引きつけることは出来なかった筈だ。事実を認めてこそ、正しい評価が生まれる」と述べている。一介の犯罪者が、これほどまでに人間を動かせるものではない。

映画を見て強く感じることは、ヒトラーおよびドイツ国民を動かすものとして、背後に神話が存在していることである。ヒトラーはその神話の存在と意義について、おそらく深い自覚はなかったであろう。ともかく、彼は神話にふさわしい道具立てや演出を好んだ。夜空に映えて続くたいまつの行進は、神秘的な効果をもたらせる。彼の好みのワグナーの音楽は神話的雰囲気をもたらすのに、まさに適切なものであった。ヒトラー自身に意識されたテーマは、「世界に冠たるドイツの国」であり、彼の理想とする「新人類」の創造であろう。それを無意識内で支えている神話については後述するとして、ともかく、ヒトラーのこのようなイメージが彼を動かし、ひいてはドイツ国民を動かしていたことを、われわれは銘記しなくてはならない。首相にならなかったら偉大な建築家になっていただろうと、ヒトラーは豪語していたらしいが、第三帝国こそは彼に内在するイメージに合わせてつくられた建築物なのであった。

一九三六年、ヒトラーがベルサイユ条約を破り、徴兵をして再軍備を行い、ラインラントに進駐をこころみた頃、スイスの精神医学者のユングは、ヒトラーの背後に存在する北欧の神ヴォータンについて言及している。

「もしわれわれがいま、キリスト暦一九三六年にあることを瞬時忘れるとするならば、そしてこの世界が経済的、政治的、心理学的なファクターで合理的に説明できるという現代的な確信をしばし措くならば、そしてさらに、この人間的な、あまりに人間的な善意の合理主義を傍へのけて、人間の代りに神ないし神々に現代の状況への責任を負わせるとしたら――、そのときおそらくヴォータンほど、因果仮説としてうまく当てはまる神はないだろう。いまだ汲みつくされたことのない、底知れぬ性格を帯びた老ヴォータンは、先に挙げた三つの合理的な要素を合わせた以上に、ナチズムというものをうまく説明している――かかる異端の主張さえ私はあえてしたいのである。」

ヴォータンは北欧神話の主神であり、「嵐と狂奔の神であり、情熱と闘争心を解き放つ者であり、さらには優れた魔術師、幻覚の使い手」なのである。嵐と狂奔の神としてのヴォータンは、ゲルマン全土にわたって信じられている、嵐の夜にはヴォータンの軍団が山野を駆け抜けてゆくという伝説に示されている。それは「怒り狂った軍団」であり、これこそナチスの軍団がヨーロッパ全土を駆けめぐった姿にぴったりと思われる。ヴォータンはまた美男で雄弁であるとされた。彼が言うことは何でも、それを耳にする者にとっては真実のように思われるという[1]。

ヒトラーの演説場面はしばしば映画にも示されたが、それはまさにヴォータンの雄弁のようであった。

ヒトラーの行くところ、大衆は熱狂し、興奮した。特に女性たちは涙を流し、彼との握手を求めて殺到した。これらの画面から感じとられることは、彼が首相とか指導者などというものではなく、救済者として大衆の前に立ち現われているということであった。彼はまさに、ゲルマンの主神としてのイメージを体現していたのである。

ゲルマンの神々はキリスト教によって地下に押しこめられ、その上に近代合理主義という舗装を行って、すべて安泰と思われていたとき、二千年近くの眠りを破って、ヴォータンは火山の爆発のごとく、すべてを突き破って二十世紀の文明国に躍り出てきたのである。このような見方は、ユングの言うように最も深い意味における因果仮説を提供するものである。このような火山の噴火にも似た現象が、一国の人々をとらえてしまうときの恐ろしさを、『ヒトラー』の映画はまざまざと示してくれる。しかも、近代のヴォータンの軍勢は、秩序と規律を誇り、まるでアニメーションを見ている錯覚を生ぜしめるほどの画然とした動きをみせるのである。

ヒトラーは、このように考えるとき、ドイツ国民を指導する英雄などではなく、ヴォータンの元型の作用する集団現象の上に乗っかった兆候のひとつであったことが解る。その彼が自らをヴォータンと同一視し、無限の力をもつと過信したとき、崩壊はまたたく間に生じることになったのである。これは、すべてのこのような偽の英雄の共通の末路なのである。

日本の場合

『ヒトラー』の観客が日本ではずいぶん少ないらしいことは最初に述べた。私はヒトラーについて、若い人や私の同年輩の人などに考えを聞いてみたり、映画を一緒に見にゆかないかと誘ったりしてみたが、大体において無関心というところであった。ヒトラーの映画が現在の日本の若者たちに「カッコウいい」ものとして人気が出たりしなかったのは嬉しいことだが、逆に、それほど無関心であっていいのかと心配になってきた。われわれは、ヒトラーを他国に過去に存在した犯罪者——あるいはせいぜい怪物——として忘れ去っていいものであろうか。

既に明らかにしたように、現代人と言えども、神話の力に対してはまだまだ弱いものなのである。現在の不況や沈滞ムードの中で、若者たちは英雄の出現を待望するものと、英雄――実は偽の英雄なのだが――の末路を既に知る故に感じるシラケとに二極分解を起しているのが現状であろう。英雄待望者たちが英雄神話に弱いのは当然であるが、シラケの若者も、ただ対抗的姿勢はとっているものの、英雄神話に対してそれほどの抗性をもつとは言い難い。ヒトラーの映画にはあまり押しかけなかった若者も、『宇宙戦艦ヤマト』には相当に引きつけられたらしい。ヒトラーの軍勢はまるでアニメーションのように動いたものだが、劇画は現在に無視された神話の断片をうまくひろいあげて商品化しているのである。

シラケよりは英雄待望のほうが望ましい、と思う人もあろう。しかし、その「英雄」は真の英雄でなければならない。集団心理によって倫理性を希薄にされ、唯一の神話元型によって正当化された単層構造の集団の動きに対して、それがいかに凄まじいものであれ、せめてわが身ひとつの重みであれ、それに抗するものとして立ち向うものこそが英雄ではないだろうか。そのとき、集団の動きに抗する個人を支えるものとして、その個人の内奥にいかなる神話が存在するかが問われることになろう。このとき、われわれは合理精神のみによって戦えるものでないことは、ヒトラーの映画が如実に示してくれている。

このような強さをもつためには、われわれはもっとみずからの神話を探る努力を致さねばならないのではなかろうか。そして、われわれをあのいまわしい戦いに駆り立てた神話は一体何であったかについても、もっと詳細な分析と検討が必要ではなかろうか。ヒトラーは人々を動かすために演説を行った。映画にいきいきと示されていたように、それはヴォータンの雄弁のごとく、聞く人をしてすべてを信じさせるようなものであった。しかし、われわれ日本人は、それほど個人の「言葉」によって動くだろうか。演説を唯一の武器として大政治家になることなど、およそ日本では不可能であろう。われわれは言語を武器としない神話によって動いているのである。

わが国において、ヒトラーの映画に関心をもつ人が少ないのと同様に、それに危険感を感じる人が少ないのは、ヒトラーのような現象は日本で起るはずがないという安心感をもつ人が多いためであろう。確かに、ヒトラーと同型の偽英雄はわが国には生じないであろう。背後に作用している神話が異なるから。しかしながら、神話の作用によって馬鹿げたことが生じることは同様であり、実際にわれわれはヒトラーと共に戦争を行ったのである。ここにおいて、われわれは戦争体験をもう一度ふりかえってみて、彼我の相違をよく検討してみることが必要であろう。ヒトラーは偽物にしろ、大衆の心に内在する英雄像や救世主像を体現する要素をもっていた。しかし、日本の集団の上にそのような像があっただろうか。もちろん、戦争中には多くの英雄がつくられた。しかし、それはすべて戦士としての英雄であり、導き手《ヒューラー》として最高位に立つ姿ではなかった。ヒトラーに相応するものとして、東条英機を、あるいは天皇をおくことは出来ない。そのことは、日本における戦争責任の問題を極めて曖昧にしてしまったひとつの要素にもなっている。日本国民は個人としての導き手を欠いたままで、しかも一体となって戦争に参加したのだ。

　現在の若者のシラケを嘆く人々は、宇宙戦艦ヤマトの人気を喜ぶような風潮があるようだ。しかし、既に指摘したように、すべての元型と同じく英雄元型も両面性をもっている。それがすぐにヒトラーのような虚像と結びつくときは危険至極なものとなる。このような点からいうと、東独においてあまりにも画一的に反ナチズムの英雄を青年たちに押しつけているのも、あまり好感をもてない（十一月五日付『朝日新聞』日曜版）。真の英雄は、そのように単純に外在化されるものではなく、個々人の心の中にあって、その個々人の重みにふさわしいだけの行為を支えてゆくものなのである。若者に英雄を説きたい人は、この点を銘記して欲しい。

　第二次世界大戦について、軍事、政治、経済などの合理的な側面の分析はなされつくしたかの感さえあるが、その神話的側面については、特にわが国においてほとんどなされていないのではなかろうか。この分析を行うことによってこそ、現在不穏な動きを示しつつある偽英雄待望論を封じこめることができるのではなかろうか。ヒトラーの現象をあまりにもよそごととしてはならないと思うのである。

（1）C・G・ユング、松代洋一訳「ヴォータン」、『エピステーメ』一九七七年五月号。なお、ユングはプロ・ナチ、反ユダヤ主義であるとの誤解を受けたが、そのような疑念は現在では晴らされている。

フィリピン人の母性原理――フィリピン人と日本人

カトリック教国における母性

昭和五十二年十一月二十二日から十二月二十二日までの一ヵ月間、私は他の研究者の方々と共にフィリピンとシンガポールに滞在し、学術調査を行ってきた。これは、京大教育学部比較教育学教室の小林哲也教授を中心として、われわれが以前から行っている、海外在住の日本人子女の教育に関する研究の一環として、海外調査に出かけてきたものである。われわれは小林教授を代表として、比較教育学、社会教育学などの教育学専攻者と、臨床心理学専攻の者と総勢九名がチームを組んで、調査研究に従事してきた。

海外在住邦人の子女教育の問題は最近とみに注目されつつあるが、実のところ、代表の小林教授や筆者をはじめ、調査団の人たちは、かつて海外に家族と共に住み、その苦労を体験した者もあり、この問題を解決してゆくためのよりよい方法を見出そうと努力しているのである。マニラおよびシンガポールには、小学校・中学校を合併した日本人学校があり、マニラでは約三百人、シンガポールでは約八百人の子供たちが在校している。われわれは子供たちや父兄・先生方と面接したり、グループで話し合ったりして調査を行ったわけであるが、これらの点については他に発表することとして、本章において述べたいことは、マニラ在留中の体験を踏まえて、筆者が以前から関心をもっている、文化差や日本人の心性の問題について考察したことである。

調査団の中で、臨床心理学専攻のわれわれは、日本人の子供たちが異文化の中でどのように適応してゆくのか、あるいは、どのような適応困難を感じるのかを調査しつつ、不適応を起している子供やその家族に対して、心理学的な援助をする目的をもっていた。しかし、このようなことを行うためには、より広い視野の中で、文化差の問題をとらえていることが必要であり、調査の背景をなすものとして、これから論じるような文化の問題についての考察も必要と感じられていた。

日本の社会の特性を考える上において、心理的な観点からする母性性の優位ということを、筆者はかねがね強調してきた。[1] その際、欧米における父性の優位に対応するものとして、東洋における母性の優位性を仮定した。そして、欧米におけるキリスト教の影響ということを、それが父性的な宗教であるという点から指摘しておいた。このような考えを検討してみるためには、フィリピンは非常に興味深い国であると、筆者はかねがね考えていた。それは、フィリピンという国のアジアにおける特殊な位置に由来している。フィリピンの価値体系について、早い時機に極めて適切な紹介を行った高橋彰氏は、その書物の冒頭に次のように述べている。[2]

「誰であれフィリピン人に、彼らのもつ文化的な特質をたずねたとしたら、カトリック教国であること、デモクラシーの国であること、英語が広くつかわれていることの三点をあげるだろうことは、まずまちがいのないところである。……われわれにとって興味をひかれるのは、一つにはそれらの諸点がフィリピン人の自己像に関する国民的なステレオタイプとなっていることなのであるが、さらには、それがアジアでは特異な様相なのだということにフィリピン人が文化的優越を覚えていることである。」

フィリピンはアジアの国の中で仏教の影響をほとんど受けることなく、キリスト教化され、現在では国民の九〇％がキリスト教徒なのである。しかも、多くの人が英語で考え、英語で話をしていることも考え合わせるならば、フィリピンの人たちは、相当に父性的な原理に基づいて生きているのではないかと推察される。あるいは逆にアジア人の母性性が非常に強いときは、キリスト教やアメリカ文化などを母性化せしめて取り入れているのではないかと考えられる。私としては、むしろ後者のほうを仮説としてもっていたが、以上のような点で、フィリピンに強い関心を抱いていたわけである。

　このように言っても、そもそもフィリピン人というものを簡単に一括して語れるかという疑問も存在する。七千にもわたる島々に、七十五以上の異なる言語をもった人たちが住んでいるのに、それをどのようにして記述するのかということは、まことに難しいことである。ましてや、私はマニラに二十五日間滞在しただけである。私はアメリカに一年半、スイスに三年間在住した経験があるが、そのときにも、異なる文化や社会について判断したり、記述したりすることが、どれほど難しいことかを痛感した。たまに訪れる日本からのお客さんの断定的な比較文化論（？）を聞いて、「外国に滞在する期間が短いほど、思い切った評論ができる」などと皮肉を言っていたが、今度は私自身がその誤りを犯しそうである。

　そこで、私がとった方法は、今まで自分の経験から文化比較を行う上で重要なことと考えてきた、父性と母性という観点に焦点をしぼること、多くの対象者に接して統計的な結果を基礎とするのではなく、少数の人にできるだけ深く接して、そこから得た自分自身の感覚を大切にすること、というものであった。そして、自分のいわば主観的体験を大切にしながら、それを補塡したり、是正したりするものとして、既にフィリピン文化の研究として出版されている文献を参考にすることにした。それと、文化の底層をなしているものを知るために、フィリピンの神話や民話も読むことにしたのである。

　短い滞在期間の間に、どうして人と深く接することができるかという批判が生じることであろうが、これには心理療法家としての私の経験が大いに役立ったと思っている。それに人間というものは、常につき合っている人よりは、一度だけ会った人のほうに深い話をすることだってあるのである。滞在期間は短かったが、この間に私がお会いした人たちの中には、「今まで誰にも言ったことのない」話をされる方も相当にあった。もちろん、私の職業上、その内容の秘密を守らねばならねことは当然であるが、その話し合いを通じて私の心の中に形成されていったフィリピン人と日本人のイメージについて語ることは許されるであろう。最近、ケニス・ケニストンの『青年の異議申し立て』（東京創元社刊）という興味深い本を読んだが、ケニストンがこの本を彼と青年たちとの「深層面接」の体験を基にして書いていることを知り、意を強くしたのである。ただ一人の人との話し合いによって得たことが、膨大な数にのぼる統計資料によって知り得たことと同じくらいの重みをもつこともあるのである。とは言っても、筆者の短期間の経験からの結論には、浅薄な思いこみもあると思うので、批判には喜んで耳を傾けたいと思っている。

フィリピン人と日本人の親近性

フィリピンの文化や社会のことについては、既にわが国においても相当紹介がなされているが、[3] 読者にはあまりなじみのない方もおられると思うので、筆者の体験もまじえながら、フィリピン人の心性の在り方について述べてみたい。

フィリピンは最初にスペインの影響を強く受け、次にアメリカの文化を大きく取り入れている。特に上流階級の人と接するときは、彼らが流暢な英語を話すこともあって、アメリカ人と会っているような錯覚を起しそうにさえなる。しかし、フィリピンの人たちと少しつき合って、まず感じる率直な感じは、われわれと同じくアジアの人間だということである。この点について、あるアメリカ人は、フィリピンを訪れたアメリカ人は、最初はアット・ホームに感じるが、三日もすればまったく異質の世界だと感じはじめる。これに対してフィリピンにやってきたインド人は、最初は変な国だと思っても、三日もすればアット・ホームに感じるものだ、と面白い言い方で示してくれた。

また、フィリピン人に日本人とアメリカ人の差を尋ねてみると、日本人とは親しくなると、たとえ自分の家がちらかっていても、家に泊まってもらって話をしようという気が起るが、アメリカ人に対してはそういう気が起らない、という表現をした人が、二、三人あった。もっとも、後に述べるように、フィリピン人は人を喜ばせることが上手な人たちだから、これをこのとおり信じていいかどうかは迷うところもあるが。

この、同じアジア人という仲間意識のようなものが何によって生じるかを明らかにしてゆかねばならないが、ついでに言っておくと、フィリピン人が表明する日本人に対する親しさのようなものから、彼らがアメリカ人に対するよりも日本人に対して親切であるとか、寛大であるとかと思うと、それは誤りである。正直なところ白人優先的な感じ――日本人もそうだが――は存在し、日本人の中には、そういうことに憤慨する人もあった。これは、身近なたとえを用いると、彼らにとって、アメリカ人は怖いおやじであり、日本人はうらやましい兄弟ということになろうか。人間は誰しも表と裏の両面をもつものだ。フィリピン人はアメリカ人に対しては、尊敬と軽蔑の軸の上でのアンビバレンツを感じるが、日本人に対しては、親しみと憎しみの軸上での心の揺れを感じるように思われる。

フィリピン人のこのようなアンビバレンツを、『フィリピン史物語』の著者、アゴンシルリョ氏は、「ほとんど四〇〇年におよぶ西洋強国の支配のために、フィリピン人は、西洋の衣装をまとった東洋人になってしまった。表面的に見れば、かれはもっとも西欧化したアジア人だが、心の底ではやっぱりアジア人なのだ。かれは奇妙に矛盾した性質をもっていて、それがよく外国人の誤解をまねく」[4]と書いている。われわれはフィリピンの人たちとつき合うときに、このような点で屈折している彼らの心情に対しての理解をもつべきであると思われる。

フィリピン人に接して、われわれがまず感じるのは、その人あたりの良さである。フィリピン人の対人関係における重要な要素として、パキキサマ（pakikisama）ということがある。これは、フィリピン人に言わせると、「深い友愛の情……個人どうしの間の尊敬と助け合い」[5]ということになるが、アメリカの文化人類学者の即物的表現によると、「他人のリードや示唆に従うこと、……リーダーや多数の意志に従うことにより、グループの決定を全員一致とすること」[6]ということになる。日本人が全員一致の決定を好むことは、イザヤ・ベンダサンの指摘以来、われわれにとっては周知のことであるが、フィリピンではその程度がもうひとつ上であると思うとよい。

ここに引用したアメリカの人類学者のフランク・リンチ教授は、フィリピン文化センターの教授で、フィリピンの文化について数多くの興味深い論文を発表した人である。幸いにもお会いすることができて、文化差の問題について話し合いをした。そのときに、教授はアメリカ人は対人関係における不愉快さをしのんでも、はっきりとものを言うのに対して、フィリピン人は、ものごとを曖昧にしても、対人関係の円滑さのほうを好む、つき合うときにお互いがその点を配慮すればうまくゆくのだが、と興味深い指摘をされた。このような点について言えば、日本人は明らかにフィリピンよりだと思うが、どうであろう。もっとも、日本人でも少しアメリカよりの人たちは、フィリピン人は話し合っていると調子のいいことを言うが、どこまで信用していいか解らない、と嘆く人もあった。しかし、これはアメリカ人が日本人を批判するときによく言うのと同様のことなのである。

フィリピン人の特性を述べる際には必ず、ウタン・ナ・ロオブ（utang na loób）ということと、ヒヤ（hiya）ということが論じられる。ところで、このウタン・ナ・ロオブはわが国で言えば、恩とか義理にあたり、ヒヤは恥にあたると考えられると言えば、フィリピン人の特性が日本人と非常に類似していると感じられることであろう。ウタン・ナ・ロオブは直訳すると「内なる借金」「心の借り」ということになるらしいが、わが国で言う義理よりは、もっと重いものであると感じられる。

このようなことから、日本人であればすぐにベネディクトによる日本人の分析『菊と刀』を連想するのではないだろうか。ベネディクトが罪の文化と恥の文化を分け、日本を恥の文化と規定したことは周知のことである。そして、フィリピンもこの分類でゆけば、まがうことのない恥の文化の国なのである。このようなフィリピン文化に対する分析は、一九六〇年代に、前記のリンチ教授らを頂点として盛んになったようである。これらのことは既にわが国にも紹介されているし、日本人としても解りやすいことなので、ここにあまり繰り返さないことにしよう。

フィリピン人の家族関係、および親族の間の関係は極めて緊密である。家族内における長上に対する尊敬の慣習も厳しく守られている。われわれが一度招待された家は、その親族がそれぞれ独立家屋に住んでいるが、広大な敷地内に一緒に住んでいて、親族関係の強さを実感させられた。このような家族関係の緊密さが、既に述べたような対人関係の円滑さなどに結びついてくると、すべての人間関係に親族的な親密さが要求されてくることになる。たとえば、パーティなどで招待状を出すと、その人が知人を連れてきたときは、まったく同じように歓待しなくてはならない。

日本のある企業が何周年かの記念パーティに千枚の招待状を送った。フィリピン人の忠告にもかかわらず、日本式に考えて、八百人分くらいの料理を用意していたら、各人が勝手に知人を連れてきて、客は三千人にもなって大あわてをした話を聞いた。私もフィリピン人に招待されたことがあったが、一人でゆくと「コンパニオンは?」とふしぎな顔をされた。誰かを連れてくることがはじめから期待されているのである。「予定外」の客がとびこんできても、出来る限りの歓待をし、楽しく時をすごす能力の高いことには、多くの日本人が感心していた。

細かいことを書くときりがないが、これらのことを見聞していると、私は自分が田舎の出身なので、われわれが子供のとき日本の田舎で行われていた習慣や倫理観と非常によく似ていると感じはじめた。なんだか、なつかしいような気さえするくらいであった。ところで、日本という国は根本的にはともかく、表層的には対人関係の在り方が急激に変化してきている。

そこで、古来の「美風」に価値観をおくならば、あるフィリピン人が率直に語ったように、日本人は工業的、経済的には素晴らしい発展を遂げてきたが、道徳的には極端に低下している、ということにもなってくる。しかし、この問題は簡単に片づかないことである。というのは、以上にあげた「美風」と近代における経済的・政治的機構とが単純に結びつくと、フィリピンにとっての大きい問題である贈収賄という「習慣」が形成されることになる。われわれ日本人の感覚では悪とまで言わぬにしても、少なくとも美徳とは感じ難い。袖の下や、いわゆる「顔をきかす」ことが、大ぴらに、ときには誇らしげにさえ語られるのである。それは、ウタン・ナ・ロオブ、つまり恩に対する報いということで、美談にさえなりかねないのである。このことがフィリピンの近代化を妨げている大きい要因であると考えるならば、以上述べてきたことについて、より深い考察が必要となってくる。

母性原理と近代化

日本の文化と西洋のそれと対比して考える上において、父性原理と母性原理の差に注目することによって、多くの示唆を得られることは既に発表してきたとおりである。[7] その点を簡単に述べておくと、父性原理は「切断する」こと、母性原理は「包含する」ことによってその機能を示す。つまり、母性はすべてを良きにつけ悪しきにつけ包みこんでしまい、すべての子供を没個性的に平等化してしまうが、父性は子供をよい子と悪い子などと分割し、その強い切断の力によって、子供を厳しく鍛えてゆくものである。西洋の個人主義はこのような厳しい鍛錬を経てつくり出された、各人の自我の確立を土台としている。このような観点からみると、フィリピン人は日本人よりはるかに母性原理の強い生き方をしていることが、既に述べてきたことから明らかであろう。そして、母性原理に基づく美風に彼らが固執するとき、それは西洋から輸入した近代的な生き方と競合することになってしまうのである。

はじめに、フィリピン人は東洋人であり、われわれ日本人も「同じ」であるという感じをもち、それはアメリカ人とは異なると述べた。おそらく、この同類という感じは母性原理を共有するものとしての一体感のようなものであろう。この点について、あるフィリピンの学者は私に対して次のように言った。日本人に会っていると、特に欧米人と比較するとき、われわれは同じ東洋人だという感じを強く感じる。にもかかわらず、日本人だけがどうして、あのようにうまく近代化され、他の東洋人と異なる道を歩むことができたのか、それを知りたい。日本人は一体その秘密を自ら知っているのだろうか。自分でも知らずにいるのか、知っていながら、他の東洋人にはそれを隠しているのか、と言うのである。この問いに対して、彼らを納得させる答えをわれわれは与えられるだろうか。

この問題について考えてゆく前に、フィリピンにおける母性優位性について、もう少し深く調べてみることにしよう。最初に触れておいたように、フィリピン人がキリスト教をどのように受けいれているかは、私にとって非常に興味のあるところであった。これはある程度予想していたところであったが、教会にゆくと、マリア像が大きく目につきやすいのに対して、キリスト像は何かその背後に隠れている感じを受ける。そこで、私はフィリピンの人たちに対して、「キリストとマリアはどちらが大切ですか」という、ぶしつけな質問をなげかけてみた。なかには困惑した表情で目を伏せる人もあったし、「同じです」と平然と答える人もあった。ところが、親しくなったホテルのボーイさんと、この点について話し合っていると、彼は「マリアは三位一体の中の一つなので、結局、同一である」と言ったのである。この新式の三位一体説には私も驚いてしまって、ではどのような三位一体なのかと尋ねてみた。彼は「キリスト、マリア」と言い、しばらく口ごもっていたが、「主（Lord）」と答えた。その後、同じような答えをする人があるので、私の興味はますます深くなった。ところが、このことは相当一般にゆきわたっていることらしく、既にフィリピンにおける宗教の問題を論じたキャロル氏も、キリスト教における三位一体を「キリスト、マリア、アポ・ディオス」とする誤った考えの多いことを指摘している。[8] このアポ・ディオスが何か解りにくいし、たしかに、三番目の名前を言うときに口ごもる人が割にあったのも、これを英語で表現するのに困難を感じたからではないかと推察された。いろいろと尋ねてみて、アポ・ディオスは老賢者的なイメージであることが、解ってきた。

私はキリスト教徒でもないし、教義的に正しいか否かということにはあまり関心がない。それよりもむしろ、民衆の心の中に自然に生じてきた、このような宗教観念を、それはそれとしてそのまま受けとめるのがいいと思っている。このフィリピン人の心の中から生まれた三位一体については、他にも少し論じたので、[9] ここではあまり詳述はしないが、何といっても、オーソドックスな「父・子・聖霊」という三位一体に対して、マリアという女性をいれこんだことに大きい意味を感じるのである。それはもともと存在した、父＝息子という枢軸を壊して、母＝息子という軸をその代りに据えている。このことは、東洋人の母性性の強さを如実に示しているものと考えられる。フィリピン人はキリスト教による父性原理を取り入れるよりは、それのもつ母性原理を拡大して、自分にふさわしいものに変えたのである。

母性原理に基づく生き方のひとつとして、「あきらめ」ということがある。現在の状況や、未来に起きると予測される事象に対して、検討したり比較したりして、積極的にかかわってゆくのではなく、すべてのことは、それはそれで何とかなるだろうと考える。このような態度は、フィリピン人に非常に強く、これは彼らの好む、バハラナ（bahalana）という言葉に反映されている。バハラナは日常的に用いられるとき、ずいぶんと広い意味をカバーしているように感じられるが、「そのときはそのときで、まあ何とかなるさ」ということになろうか。言ってみれば、すべてのことはバハラナで片づいてしまうわけである。これについて、アゴンシルリョ氏は、「どんなことでも、バハラナ、つまり運命まかせだ。神さまは、自分の子どもたちを守ってくださるさ。この宿命論はフィリピン人の心のなかで、あきらめという美徳、または悪徳をつちかっている」[10]と述べている。

ところで、私が非常に興味をもったのは、そのバハラナという語の語源として、バタラ（Bathala）、つまり、タガログの最高神が存在しているという事実である。[11]フィリピン人は最初に紹介したように多くの異なる言語を話す部族によってなりたっているが、中心的存在はタガログであり、現在、標準語として採用されている言葉は、ほとんどタガログ語を基にしている。ところで、タガログの最高神バタラは、いつも何もせずにいるので、結局は他の神々が彼を助けて頑張って仕事をすることになると言うのである。そして、このような最高神の「無為」の在り方が、フィリピン人の生き方の根本に存在していると考えられる。このことはフィリピンにおける母性原理の根強さを示すものとして印象づけられることであった。

フィリピンの神話には他にも興味深いものがあるが、そこに深入りするのをやめて、ここで、むしろ日本とフィリピンにおける母性の問題の比較をこころみてみたい。これは既に述べたフィリピンの学者の疑問、すなわち、東洋の中で日本だけがどうして近代化にいち早く成功したのかということにつながってくる。これについては筆者は既に、日本は母性社会ではあるが、そこに「永遠の少年」的な様相が強く作用していると論じてきた。ところで、この点について、社会学的アプローチからの発言として、作田啓一氏らの紹介によるシュー氏の、日本における「イエモト制」の重要性の指摘も傾聴に値すると思われる。[12] シュー氏は中国、インド、アメリカの社会を、それぞれ、クラン、カスト、クラブの発達と結びつけて論じた上で、日本の特性をイエモト制によって記述しているのは、極めて示唆に富んだ論であると思われる。彼はこの「イエモト制」を拡大解釈して日本の社会組織全般にあてはめるのだが、その特徴は、部分的には契約モデルに基礎をおきつつ、部分的には親族モデルにも基礎をもつ点であるとする。つまり、ある特定集団への加入や離脱の決定が個人の意志に任されている点では契約モデルに従うようだが、集団内では年功序列のようなヒエラルヒー的関係が恒久的になる傾向をもつ点で親族モデル的であると考えるのである。

これは筆者の述語で言えば、母性原理に対して父性原理を巧みに混入したとも言える制度であり、この点が、母性原理を親族間の関係の中に閉じこめたままのフィリピンと日本とを明確に区別するものと考えられる。既に述べたように、母性性と親族中心の考えが強い限り贈収賄などによって政府が腐敗してゆくのは、ほとんど当然の帰結と言ってよい。この点日本では、「イエモトの内容が日本の政府にまで拡張されたということが、私の見るところでは、国家組織における腐敗を防止することにもなった」[13]と言えるだろう。ところで、シュー氏はこのような考えを社会学的な視点から引き出してきたので、その基礎として、日本における父＝息子関係の重要性を考えている。つまり、日本において長男が父の跡とりをすることの重要性に注目しているのだが、興味深いことは、日本の学者の祖父江孝男氏の批判を取り入れ、母＝息子関係が、これに副次的な役割をもつことを付加していることである。シュー氏は社会学的に見て、日本の父権の強さや、父＝息子関係に最初に注目したが、次に母＝息子関係もそれにつけ加えざるを得なかったのに対して、筆者の場合は、心理学的に、日本人の母性優位の点にまで注目したが、やはり父性原理がそこに副次的に存在することを認め、「永遠の少年」型の文化という表現をしたわけである。

日本の場合は、母性優位の人間関係を親族内に閉じこめておかず、むしろ、社会組織に拡大する機構をもっていたため、近代的なものを受けいれるのが容易であった。これに対して、フィリピンにおける、母性原理や親族関係の強さから考えると、フィリピンが近代化をおしすすめてゆく困難さが痛感される。あるいは、フィリピン人が自分の文化に合うようにうまく変容して取り入れたカソリックの信仰を、キリスト教の本来的な在り方に照らしつつ掘りさげてゆくことによって、何らかの道を見出すのではないかとも思っている。しかし、それに至るまでには、キリスト教によって表面的にスムースにされたフィリピンの心の深層に存在しているフィリピン古来のワイルドなもの——私にはその存在が何となく感じられたが——の爆発を必要とするのかも知れない。

「すみません」の文化差

母性の問題について、神話の世界に及ぶほどの深層にまで下降して考察したが、もう少し表層へと戻って、フィリピンと日本の文化差についての考え方を続けてみよう。フィリピン人に対して、われわれ日本人は東洋人としての同一性を感じると述べたが、これは基本的なものであり、むしろ、表層的には、日本人はフィリピン人に対して異質感を感じるのではないだろうか。この感じが極端になると、フィリピン人はウタン・ナ・ロオブとか、ヒヤとか言っているが、日本人と違って、恩とか恥とかは解らない人種なのだと言う人さえあった。この人たちの言い分をよく聞いてみると、恩とか恥とか言っても、日本とフィリピンではそのとらえ方が異なっており、それに気づかぬために、そのような誤解をしていることがあるようであった。

たとえば、フィリピン人はなかなか「すみません」と言わないという非難を口にする日本人は実に多かった。特に使用人が何か失敗をしたとき、それを外的な原因のせいにして、自分が悪かったと言わないという不満はよく聞いた。そして、腹が立つので、お前が悪いということをはっきりと指摘すると、「やめさせて頂く」と言うから困ってしまうと言うのである。あるいは、フィリピン人と友人になると、日本へ一時帰国するとき、いろいろとみやげを要求されるので困ると言う人もあった。どんなトランジスターが欲しいとか、カメラが欲しいなどと直接に注文されるのである。日本人は断るのが下手だから無理をしても買ってくる。ところが、日本人を一層立腹させるのは、それに対してフィリピン人が期待していたほどのお礼の言葉を言わないことなのである。みやげをあげたときにはもちろん礼を言ってくれるが、高価なものなので、次に会ったときも少しくらい何か言ってくれそうに思うが何も言わないのである。日本人の中には、これらのことを恥知らずのことと考える人もあって、フィリピン人がヒヤ（恥）を重んじるなど、うそっぱちだということになるのである。

これらの話を聞き、私もフィリピン人に接してみて気づいたことは、日本人とフィリピン人を分ける決定的な要因に、内向と外向ということがあることであった。ともかく、このことを如実に示している現象は、フィリピン人が孤独を嫌うことであろう。フィリピン人が一人でいるのは寝ているときだけではないかと言った人があったが、確かに、彼らは仲間と一緒にいて、楽しく時をすごすことが上手のようである。音楽やダンスが好きで陽気である。彼らから見ると、社交的な場における日本人の身のこなしのぎごちなさは、まったく馬鹿げたものに映るだろう。

既に述べた点について、内向―外向という観点から考えてみると次のようになるのではないだろうか。日本人は何か悪いことがあると、その原因をすぐに内に向けて、「すみません」と言う。これに対して、フィリピンの人は外に方向づけるのではないか。しかし、これは必ずしも自分は悪くないと思っているのではない。これは日本人が他人や外的条件のせいであると解っていても、習慣的と言っていいくらい、「すみません」と言うのとあまり変りはないのであろう。日本人なら、まず、すみませんと言いながら、それに続く話し合いでもう少し事態を明らかにしてゆく。これと同様に、フィリピン人は、まず外的条件について述べるのだと思う。そこで、もしわれわれがその相手をするならば、一応それを認めて、続く話の中で上手に事態を明らかにしてゆくべきなのであろう。直接に「お前が悪い」などという言い方は、パキキサマ（円滑な人間関係）の破滅であり、人間関係の終止の宣言と同様であり、やめさせて頂くと言うより仕方がないのだろう。

これを聞くと日本人は、フィリピン人は何と難しい対人関係をもつのかと思うかも知れない。しかし、アメリカ人がわれわれ日本人の人間関係について知ると、その複雑さに驚いてしまうのと、これはまったく同様である。贈物の要求にしても同様のことが言える。外向的な人は、自分の内的なものを外的事物に投影して考えることが多いので、親密さの程度を物によって測ろうとし、それを要求するのも、それほど非難すべきことではない。ただ日本人がそれに対してふさわしい応対法――断るにしろ、あるいは、こちらも何かを要求するにしろ――を知らないだけなのではないだろうか。外向的な人が互いに自分の欲求を主張しつつ、しかも、パキキサマということで対人関係を円滑にしようとするならば、ジョークが大切な武器となると推察される。実は、まったくそのとおりで、フィリピン人はジョークが大好きである。本屋にもジョークの本がたくさん並んでいる。私は日本人には珍しくジョークが好きな人間なので、短時日の間にフィリピン人と親しくなるのに、これが大いに幸したと思っている。日本人の中には、フィリピン人のジョークが解らず、真に受けて参ってしまう人もかなりいるようである。

心の中の葛藤を、日本人であれば孤独に沈んで考えこんだり、あるいは他人と話し合うにしろ、自分の内面のこととして語るだろうが、フィリピン人は心の中の葛藤は外的な人間関係の中に映し出され、他人との間のいろいろなやりとりなどの困難さを解消してゆくうちに、内的なことも解決してゆくのではないかと思われる。フィリピン人は約束を守らないという非難は、日本人もアメリカ人もよくしていた。これは、フィリピン人は何かを約束していても、より重要な――と彼らが判断する――対人関係の事象が生じると、そちらのほうを優先にするために、先約を破るということになるためである。アメリカ人や日本人が約束の固さにとらわれているとき、フィリピン人たちは約束を破ったり破られたりしながら対人関係を極めて円滑に、かつ楽しく動かしている。このような在り方は、おそらく外国人が一朝一夕に真似のできることではなく、日本人から見て恥知らずと思っていても、彼らは彼らなりのルールによってうまく運営しているのであろう。

前記のリンチ教授によれば、パキキサマ研究会というのを作り、人類学者、心理学者、社会学者などが討論したが、パキキサマはフィリピン人の自我の弱さのためだという説と、むしろ、フィリピン人の対人接触のうまさ——従って、本来的な強さ——のためだというのと意見がまっぷたつに分れたそうであるが、さもありなんと思われる。

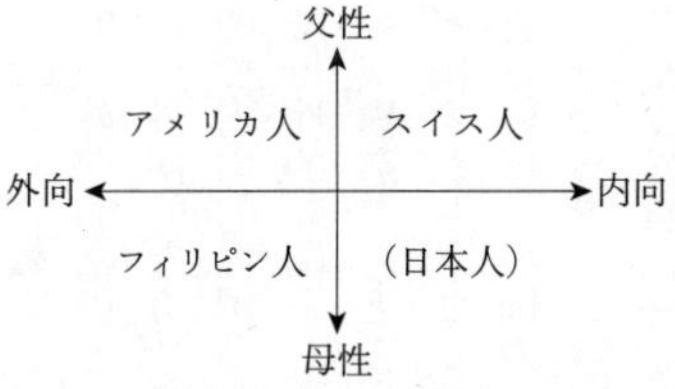

父性—母性と国民性

文化差の判断軸

以上述べてきたことをまとめて考えてみるときに、父性—母性という軸と、内向—外向という軸のふたつによって整理をするのが便利であると思われる。そこで、上の図に示したように、横軸に外向—内向をとり、縦軸に父性原理—母性原理をとって考えてみることにしよう。

ここで、筆者自身が体験的に割に知っている国を取りあげて論じるならば、まず、父性的で外向的な国としてアメリカをあげることができるだろう。これに対して、フィリピンは、外向的な点でアメリカと同様であるが、母性的であることで異なっている。次に父性的で内向的な国として、筆者の体験からはスイスをあげることができる。最後に、内向的で母性的な国としては、既に述べたように、日本は父性的なものが相当混在しているので、中空構造などと表現したが、一応、日本をここにあげておくことにしよう。あるいは、タイ国あたりをここにおくべきかとも思うが、私はタイ国に行った経験がないので解らない。あるいは、韓国もこのところにはいるかも知れない。

ところで、この図から見ると、各国の文化の差と、それぞれの国民がお互いに同質に感じたり異質に感じたりするところが明らかとなって面白い。アメリカ人とフィリピン人は外向性ということが共通であり、この点で互いにすぐ結びつくが、父性と母性の対立が前面に出てくると、まったく異質であることを認識する。あるいは、筆者がスイス留学中のことを思い出すと、アメリカ人は確かに、父性原理という点で、日本人よりははるかにスイス人に親近性をもちながら、スイス人の内向性を理解できなくて、よく、スイス人は冷淡だなどと非難していた。これに対して、内向という点で日本人はスイス人とは、アメリカ人より親近感をもちやすいが、父性と母性という点では対立してしまう。

ところで、この図でまったく対照的となっている日本人とアメリカ人について考えてみると、お互いにまったく異質なものに感じる強い反発と、魅力を感じ合っているようである。われわれはときに自分とまったく異なるものに対して、理解を超えて——あるいは、不可解なるがゆえに——魅力を感じるものである。スイス人とフィリピン人の間では実際にどうなのかは、私は体験的に聞いたことがないので解らない。両者の間に、アメリカ人と日本人の間に存在するような感情が生じるとすると面白いのだが。

この図の中に、いろいろな国を位置づけてみるのも面白いことであろう。たとえば、イタリー人などは、外向的な点ではアメリカ人より高いが、アメリカ人に比べると母性原理が強いだろう。フィリピンの心理学者ブラタオ教授と、この点について話し合ったが、彼はインドネシヤ人、マレー人などはフィリピン人と同じところに位置づけていいだろうと言っていた。

これは実に大まかな分類であるが、これに基づいて考えて、ひとつ面白いと思ったことは、ある個人が自分の故国を離れて他の国に移住してゆくとき、自分の個性により適合した国を選ぶ傾向があるように感じたからである。たとえば、フィリピンで会ったアメリカ人のうち、フィリピンが好きだとか、この地にずっと住みたいという人は、アメリカ人にしては珍しく母性的なものを身につけた人という感じを受けた。あるいは、日本人でフィリピンによく適応している人は、日本人にしては外向的な人が多かったように思う。図に示した分類は、個人の性格や人生観にもあてはまるものであるから、たとえば、アメリカ人で内向的な人、しかも、もし母性原理の良さが解るような人であれば、アメリカではむしろ不適応を起すであろう。しかし、もし日本にくれば、日本のよき理解者として受けいれられるのではないか。

日本人でアメリカに行く人についても同様のことが言えるだろう。最近では地球はますます狭くなりつつあり、他国へ行ける機会が多いので、ここに示したような原理に従っての人間の移動は、より多く生じることになるように思われる。

われわれが他国の人とつき合うときでも、図に示したような簡単なシェマを頭に入れているだけでもずいぶんと役に立つのではないだろうか。最近では日本の企業の海外進出も急激に増加し、多くの日本人が外国の人とつき合うことになった。そのとき、われわれが文化差の問題についても深い配慮をもっていないと、他国の人との間でお互いに誤解に基づく非難や争いなどを繰り返すことになるのではないだろうか。特に、日本人が東南アジアの国々の人に対するとき、われわれが少し早く近代化の波に乗ったというだけで、理由のない優越性を感じているならば、それはまったく破壊的な結果を招くことになろう。『タイのこころ』の編訳者、田中忠治氏は極めて印象的な事柄をその書物のしめくくりに用いている。今ここにそれを借りて、筆者も自分の論をしめくくりたい。

ある国際学生交流セミナーにおいて、日本の学生たちは東南アジアの発展のために、日本はいかに協力・援助すべきかを熱心に論じた。そこに参加していたタイ国の一留学生は、怒ったような口調で次のように言った。自分たちが日本から一番学びたいことは、明治維新以降、今日の近代国家・経済大国になるまでに、伝統と現代科学文明をどのように結びつけたのかということである。「われわれの国は仏教国で、私も仏教を信仰している。近代化あるいは発展にとって仏教はマイナスだといわれても、自分は仏教を捨てるわけにはいかない。といって、現代のタイには西欧科学文明がおそろしい速度で流れこんでおり、それを押えるわけにもいかないと思う。われわれはこの二つをどう結びつけたらよいのか悩んでいる。日本の皆さんから教わりたいのは、このことだけだ」[14]と。

　これに対して、日本の学生たちは一人も何も答えられなかったという。これは、今日の日本の物質的な豊かさと真の意味における魂の貧困を如実に示している状況であると思う。このような東南アジアの人々の魂の叫びにまったく耳を傾けることなく、ただ経済的な優位性によって、他国を援助したり、ときには支配したりしようとこころみるならば、われわれ日本人に対して、アニマルという蔑称を投げつけられたとしても、反論することはできないのではなかろうか。

(1) 河合隼雄「母性社会日本の〝永遠の少年〟たち」、『中央公論』一九七五年四月号。注(7)参照。

(2) 高橋彰「フィリピンの価値体系」、萩原宣之・高橋彰『東南アジアの価値体系』4、現代アジア出版会、一九七二、所収。

（3）前記の高橋氏の論文、および、メアリー・ホルンスタイナー編、山本まつよ訳『フィリピンのこころ』文遊社、一九七七。また、井村文化事業社より「フィリピン双書」が刊行されている。

（4）テオドロ・アゴンシルリョ、岩崎玄訳『フィリピン史物語』井村文化事業社、一九七七。

（5）テオドロ・アゴンシルリョ、前掲書。

（6）Frank Lynch, "Social Acceptance Reconsidered", in Frank Lynch and Alfonso de Guzman II ed., *Four Readings on Philippine Values*, Ateneo de Manila University Press, 1973.

（7）注（1）参照。この論文、および、日本における母性の問題を論じたものは、河合隼雄『母性社会日本の病理』中央公論社、一九七六、に所収されている。

（8）John Caroll, "Magic and Religion", in John Caroll et al. ed., *Philippine Institutions*, Solidarid Publishing House, 1970.

（9）河合隼雄「父—娘コンステレーション」、『世界』一九七八年三月号。なお、日本人における三位一体については、河合隼雄『昔話と日本人の心』岩波書店、近刊〔一九八二年〕を参照されたい。

（10）アゴンシルリョ、前掲書。

（11）Landa Jocano, "Outline of Philippine Mythology", Capitol Publishing House Inc. 1969.

（12）シュー、作田啓一・浜口恵俊訳『比較文明社会論』培風館、一九七一。

(13) シュー、前掲書。
(14) ククリット・プラモート／チット・プーミサック、田中忠治編訳・解説『タイのこころ』文遊社、一九七五。

あとがき

中公叢書として、前著『母性社会日本の病理』に引き続き、本書を出版して頂くことになり、まことに有難いことと思っている。前著出版以来、五年余の年月が経過し、その間にあちこちに発表してきたものを、ここにまとめて出版して頂くことになった。今、もう一度読みかえしてみると、この間における筆者の考えの変遷の経過を示しているところがあるように思われる。

筆者は心理療法の専門家であり、あくまで個人を相手とし、個人の問題を掘り下げてゆくのであるが、前著の「あとがき」にも述べたとおり、それが意外と普遍的な問題へと突きあたるのである。したがって、あくまで個人的な臨床体験を基礎にするものではあるが、ひろく文化や社会の問題に対しても発言してきた。そして、それは結局のところ、日本人としての自己実現の道に関する関心へと焦点づけられてくる。そのような観点から、前著では、日本人の母性優位性に注目して論じたのである。

本書においては、日本人を欧米人と比較するかぎり、その母性優位は明らかであるが、アジアの諸国などと比較する場合、むしろ、日本は父性と母性の均衡の上に存在していると見る方が妥当かとも思われるので、「中空構造」を強調する方向へと論旨が変化している。この「中空構造」は日本の現状の記述としても考えられるし、また、一種の理想型を示すものとしても受けとられるであろう。「中空構造」として提出したモデルについての詳細な吟味は、今後も是非続けてゆきたいと思っている。

本書のⅡ部においては、昔話やファンタジーの世界に関する論考を集めてある。人間の内界を記述するものとしての、昔話やファンタジー作品は、深い知恵に満ちており、その解明は極めて意義深いことであると思っている。

Ⅲ部は現在の状況との関連で、社会的な事象について考察したものを主として集めたものである。わが国の現在における、家庭や若者の問題は、なかなか深刻なものがあるが、これらに対して簡単にハウツー式の解答を求めようとするよりは、問題の根源に向って掘り下げて考えてみることが必要なことと思われる。

ここに収めた評論はすべて、初出時のそれぞれの編集者の方々の発案や援助によって生まれてきたものである。本書の成立にあたって、ここにあらためて、その折々に力を貸して下さった編集者の方にお礼申しあげたい。なお、快く転載を許された各出版社に対しても感謝申しあげる。

本書の編集、出版については、中央公論社書籍編集局の江阪満氏に格別のお世話になった。ここにお礼の言葉を申しあげたい。

一九八一年十二月

著　者

旧版解説

吉田 敦彦

一九八二年に「中公叢書」の一冊として上梓された本書から、筆者は本当に強い刺激を受けた。そしてそのことが、自分の学問の重要な転機となったのだということが、今にしてまたあらためてしみじみと痛感される。

なぜなら筆者はその当時にすでに二十年ほどにわたって、自分がもともと専攻していたギリシア神話の考究と並行させながら、日本神話の研究にも手を染め、そのことを扱ったかなりの数の論文や著書を上梓していた。ところが本書との出会いによって、その分野での自分のそれまでの研究が、神話を掘り下げて分析しようとしてきたにもかかわらず、じつは押しなべて、日本神話の表層的な部分の意味や構造しか考究していなかった。それだけで事足れりとしていたのでは、けっきょくは本質の究明には届かぬ、隔靴掻痒の作業を積み重ねるだけで終わってしまうということを、肝に銘じて思い知らされたからだ。

筆者のそれまでの日本神話の研究が、いま言った意味で不十分で不徹底であった理由は、はっきりしている。その研究に筆者が手を着けるようになったそもそものきっかけは、一方で自分が主に研究していたギリシア神話をはじめとする、インド・ヨーロッパの神話と、他方で日本の神話とのあいだに、偶然の所為と思えぬほど著しい類似があるのに気づいたことだった。それでそれらの類似を手掛かりにしながら、日本の神話が他の地域の神話から受けてきたと思われる影響の究明に努め、そのことがけっきょくは、日本の神話の本質に関わる構造や意味の解明にも、つながると考えていた。

そのような努力の最中に本書に触れたことで、筆者はまさに、目から鱗が落ちる思いを味わった。それは本書によって日本の神話のもっとも肝心な本質が、それまで意味や構造を析出《せきしゅつ》しようと努めていた、他の神話と類似している層よりもさらにいっそう深いところにある。その根底にある真の本領によって日本神話は、ヨーロッパをはじめとする他の地域の神話と、数多くの明らかな類似点を持つ一方でまた、際立って違う特色を持つものになっている。しかもそのような特色を持った神話をわれわれ日本人は、そうとまったく意識せずにだが、じつは古代から現在まで、連綿として生きることを続けてきている。そしてそのことが日本人のものの考え方や行動の様式がいろいろな点で、とくに欧米の人々の目にしばしば異様で不可解に見え、げんに重大な文化摩擦の原因にもなっている特異性を持っていることのもっとも根本的な理由なのだということを、はっきりと教えられたからだ。

それで以後の研究では筆者は、日本の神話をギリシアをはじめとする他の地域の神話と比較してみることを続けながら、その作業を通して類似点よりむしろ対照的な相違を、できる限りはっきりと浮き彫りにする。そしてそれらの顕著な相違によって日本の神話が、どのようなユニークな特色を持っているか。またそのことが、われわれ日本人の思想、社会、文化などのあり方と、どう根本的に関係しているかということを、本書の著者河合隼雄先生の驥尾《きび》に付し、非力の及ぶ限り究明しようと努力してきた。

筆者の研究がこのような方向にも向かうきっかけとなったのは、今にして思えば明らかに、本書からの刺激と影響だった。そのことで河合先生から賜わった学恩がいかに大きかったかということを、小稿を執筆しながら、あらたあてしみじみと痛感している。

本書で明らかにされた日本神話の基底にある特色の根幹は、言うまでもなく、書名にもある、著者がいみじくも「中空構造」と呼ばれたものにほかならない。それはたがいに対立する二柱の重要な神の中間に、何の活動もせぬ「無為の中心」と呼べるような神が存在しているという構造で、本書のIの第二章で明快に説明されているように、『古事記』の神話にはそのような三神の組み合わせが、神話体系の肝心な節目と思われる場所に、三度にわたってくり返して登場している。

この「中空構造」と明らかに関係するもう一つの著しい特徴として、日本神話の中では二者のあいだで対立や争いがあっても、その一方だけが完全に善で、他方がまったく悪だとされたり、一方が他方を完膚《かんぷ》なきまで征伐したり成敗して、亡ぼしてしまうようなことがほとんど見られない。それは何かがいったん優勢になり、中心を占めるように見えても、そのあとに著者が、「ゆりもどし」とも「カウンターバランス」とも呼ばれている反作用が起こるからで、それによって対立するもののあいだの微妙な均衡が回復され、中心の「空性」が維持される。このような作用と反作用によって対立が融和に変わることの反復が、日本神話の中では、少しずつ変化した形をとりながら、中心としての「空」のまわりをどうどう回りするようにして、何べんとなくくり返されている。本書の中で明らかにされている日本神話のこのような特徴を、著者は「均衡の論理」とも、また「中空巡回形式の神話構造」とも呼ばれている。

　このような「中空構造」と「均衡の論理」を根底の特色とする神話を、われわれ日本人は、著者が本書で的確に説明されているまさにその通りに、はっきりと自覚はせずにだが昔から現在まで、確かに連綿として生き続けてきた。そしてそれによってわが国では確かに、絶対化された中心を持ち、それに照らして下される価値判断の基準に外れるものを、容赦なく無価値とか悪と見なして排除したり抹殺する、欧米の文化の基本的なあり方とは明らかに対蹠《たいしょ》的に違う。相対立したり矛盾するものであっても、どちらも排除も抹殺もされない。それぞれが価値を認められ、居場所を与えられて、共存し共生できるような文化が営まれてきた。

　それでその日本の文化の中では、これも本書で言われている通り確かに、何についてもことの当否や曲直を、あまりはっきりとつけすぎることは好まれない。ことを言語的に明確にすることが嫌われ、それよりはいわく言い難いことや、暗黙の了解の方が大切にされる。そしてその結果あらゆることがどこかで曖昧にされて、「非言語的了解によって全体がまとまってゆく」ことになる。

そのために欧米では、組織の中心には責任者である長がいて、文字通りのリーダーとしてはっきりとした自覚を持って、「自らの力によって全体を統率し、導いてゆく」のが原則であるのに対して、わが国では長は、「リーダーと言うよりはむしろ世話役」で、力や権威を発揮することよりも、「全体のバランスをはかる」気配りに長けていることを、何にも増して期待される。たとえ人より優れた能力を持っていても、それをあからさまにひけらかして行使するような人は、組織の長としては信望がけっして得られず、「能ある鷹は爪を隠す」という諺の通りに、能力をけっして露骨には表に出さずに、ひたすら「無為の中心」のあり方に徹するような長こそが、どの集団にとってももっとも理想的とされることになる。

このことは本書で言われている通りに、「日本における戦争責任の問題を極めて曖昧にしてしまった」要因にもなった。それで日本国民は、日中戦争から第二次世界大戦にかけてのあの暗黒の時代には、「個人としての導き手を欠いたままで、しかも一体となって」、責任がだれにあったのか曖昧な戦争を、がむしゃらに戦い続けてしまうことにもなった。またその後で敗戦の酸鼻から、奇跡と思われたほど目覚ましい復興を遂げ、平和と繁栄を謳歌しているように見えていた。そのあいだにもわが国ではじつは、本書で「最も近代的な組織の運営において、欧米諸国から見ればまったく不可解としか思えないような、統合性のない、誰が中心において責任を有しているのかが不明確な体制」と喝破されている、まさにその通りの「無責任体制」が、本当に信じられぬほどあらゆるところに蔓延していたので、本書の中で著者はその事態に対して、「中空構造が今は危機に立っている」と言われて、いちはやく警鐘を鳴らされていた。当時はまだ表面的な繁栄の影に隠れて概ねは見えぬところで進行していた、日本社会の根本の病因に対して、著者が本書ですでにはっきりと下されていたこの診断が、いかに正鵠《せいこく》を射たものであったか。われわれはそのことを今まさしく、日々にますます身に沁みて思い知らされているのではないだろうか。

　このように日本人が自覚せずに生きてきた神話が、わが国の至るところに深刻な危機を生じさせつつあった。その事態をいちはやく看破され、的確に指摘されたその一方で、著者は本書の中でまた、日本の神話が「今は危機に立っている」中空構造を根本の特徴としているまさにそのことによって、ただ日本のみならず現在の世界にとって、持ち得ると思われるきわめて大きな価値と可能性にも、はっきりと着目されている。

　つまりこの神話は中心が空であることで、異なる価値や原理が排除しあわずに、調和を得て相補的に働きながら共存することを可能にする。その上に自然に対しても、それを徹底して対象化し征服しようとしてきた結果、いまや人類の生存の基盤である自然そのものを破壊しつつあると思われる、「科学の知」とは対蹠的に、一体感を大切にすることで人間を万物と共生させる。そのことで日本の神話には、「科学の知」があまりにも「肥大独善化」してしまった。そしてそのことが「現代は不安の時代である」と言われるほどに、現在われわれのだれしもが強く感ぜずにいられぬ漠とした不安の究極の原因となっていることを、著者が本書で鋭く指摘されている。そのきわめて深刻な行き過ぎを補償し、人間の生き方に全体性と均衡を取り戻させる契機となり得るような、叡知が確かに含まれている。

だがそのような日本の神話に内蔵されている叡知をもって、われわれがこれから、世界に大きな貢献をして行くためには、われわれはまず自分たちが自覚せずに生きてきた神話のあり様を意識化して、その問題点と可能性とを、われわれ自身が明確に把握する。そしてその神話の意味と価値を、「西洋人に通じる論理構成を採りつつ言語的に表現する」努力をせねばならない。

しかもその「中空構造」の神話の叡知は、いわく言い難い曖昧さを真骨頂とするので、はっきりと言語化し過ぎては、本来の良さが失われてしまう。だからわれわれは、その「ジレンマ」を回避はせずに、正面から受け止めねばならない。そしてその「意識化への努力」には、一足飛びにそれを達成できるような近道がけっしてないことを十分に弁《わきま》え、「百年くらいはかかるであろう」その「プロセスにできる限り参画することによって満足」

するくらいの息の長い忍耐心を持って、それに取り組んで行かねばならぬことを、著者は力説されている。

この名著が、その教えにわれわれが学ぶことがますます喫緊となった今のときに、文庫の形でこれまでよりいっそう多くの読者の手に渡ろうとしていることを、従来から多大な恩恵を頂きながら本書を愛読してきた者の一人として心から喜ばずにいられない。

一九九八年十二月

（よしだ・あつひこ　神話学者）

増補

日本神話にみる意思決定

はじめに

日本人の意思決定の在り方は、欧米人のそれと比較すると、異なっているように感じられる。もっとも、日本人と言ってもいろいろあるし、特に日本人でも相当に西洋化している人は、別に欧米人との差をあまり感じることもないであろう。しかし、ここで既に「西洋化」などという表現を用いているように、やはり一般的な感じとして、日本人と欧米人の行動パターンの差というものが感じられ、そのなかで、意思決定の問題は、彼我の差を特に感じさせられることと言っていいように思われる。

日本人と欧米人の差と言っても、ただ異なっているというだけでは無意味であり、その差について欧米人も納得のいく言葉で語ることが必要である。「日本的なことは、他の文化の人にはわからないであろう」と言ってすましていても、それは極めて非生産的である。お互いの差についての説明が、お互いに了解できるものになってこそ、その差をこえていく方策も生み出されてくるのである。一方の側からの見解によって差を説明し、だから相手がおかしいとか、まちがっている、などと決めつけたり、どちらかが優位であると速断しても仕方のないことである。

筆者も欧米に滞在した経験などから、彼我の文化差について考えさせられることが多かった。それについていろいろ考えたが、特に神話の差について注目するようになった。昔の神話のことなど比較してみても、現代人にとって無意味であると考える人もあろうが、筆者は次のように考えて、神話に注目することが重要であると判断したのである。

神話はそれを有している文化や民族などにとって、その存在の根源にかかわることである。神話は外的事象を説明するために知的に未発達な人間が考え出した「低級な物理学」なのではない。自分という存在も含めて、この世界全体の事象を、心のなかにどう受けとめるか、ということが述べられているのである。古代のギリシャ人たちも、太陽が球形の灼熱の物体であることは知っていた。しかし、それを四頭立ての馬車に乗った英雄神として語るときに、彼らが、たとえば太陽が朝になって出現してくることを、心のなかにどう受けとめたかを示す上で、はるかに適切であると感じていたのである。そして、そのことは単に太陽の運行にのみかかわることではなく、彼らの人生観、世界観と深くかかわることであった。つまり、そのような太陽のイメージを持つことが、彼らの存在を根源から支えることに役立っていたのである。

神話はもちろん、その他の存在理由ももっている。たとえば、わが国の神話は、天皇家の正統性を裏づけ、また対外的には、わが国がひとつの独立国として存在することを示すために役立つものでなければならなかった。このような政治的な意図によって、『古事記』や『日本書紀』の編纂がなされたことは事実である。しかし、それにもかかわらず、そのなかに先に述べたような神話の特性が、認められることも事実である。筆者の見解では、『日本書紀』の方が政治的意図が強いように感じられる。次節に論じる、日本神話の中空構造も、主として『古事記』によるものである。したがって、それは政治的、意識的な努力の底に潜在する、より基本的構造として捉えようとするものである。

現在のように異文化間の交流が激しくなってくると、意識の表層における理解のみではなく、相互理解をより深くしてゆくためには、神話的なレベルにまで降りた理解が必要であると考えられる。このような観点に立って、日本の神話をここに取りあげるわけである。

日本神話の中空構造

本論は日本神話それ自身について論じるのが目的ではないので詳述はしないが、一応、もっとも根本的と思われることを、ここに簡単に述べておきたい。

『古事記』によると、日本神話における「三貴子」と呼ばれている重要な神は、アマテラス、ツクヨミ、スサノヲの三神である。これらの神は、黄泉の国から帰ってきたイザナキがみそぎをした後で、それぞれ順番に、イザナキの左の目、右の目、鼻から生まれた。そして、周知のようにそれ以後の神話の展開のなかで、アマテラスとスサノヲが重要な役割を担うことになる。アマテラスとスサノヲは対立し、結局はスサノヲはアマテラスに追われて高天原より出雲の国へと下ってゆく。この際、アマテラスがスサノヲを完全に抹殺しないところが、日本神話のひとつの特徴であり、スサノヲは徹底した「悪」の烙印を押されることなく、出雲においては文化英雄として活躍する。そして、その後、アマテラスの子孫が日本の国に下りてきたときは、スサノヲの子孫との間で、国譲りの妥協を成立させることになる。

ところで、三貴子の中心に存在するツクヨミは、この間その行為についてまったく語られないのが特徴的である。つまり、ツクヨミは三神の中央にあって、ひたすら無為を保ち続けるのである。重要な三神があり、第一と第三の神は対立したり、補償的であったりするが、中央に存在する第二の神はひたすら無為であるという構造に注目して、日本神話を見ると、それが他にも存在することがわかる。それを一応、表として示しておいた（三八ページ参照）。

この表に従って述べると、『古事記』に語られる最初の神はアメノミナカヌシであり、それに続いて、タカミムスヒ、カミムスヒが独神《ひとりがみ》として生成して、この世に現われたという。ところで、この最初の三神の場合も、タカミムスヒは大体において父性原理の方の機能をもち、高天原系の神と関連が深いのに対して、カミムスヒの方は大体において母性原理的な機能を示し、出雲系の神々と関連が深い。そして、この二神は『古事記』のなかで、重要な役割をもって登場してくるのである。これらに対して、アメノミナカヌシは、中心という名をもっているわけで、その重要性は疑うべきもないが、その行為についてまったく語られない。すなわち、最初の三神においても、無為の中心の構造が明確に読みとれるのである。

次に、第三番目の三神は、ホデリ、ホスセリ、ホヲリの組合せである。これは高天原より下ってきたニニギが、国つ神のコノハナサクヤと結ばれ、その結果生まれてきた神々である。ホヲリとホデリはそれぞれ山幸彦、海幸彦として対照的であり、対立関係も語られる。この際も、ホヲリ、ホデリの活躍に対して、ホスセリの行為については何も語られず、無為の中心の構造が保たれているのである。

詳しくは述べなかったが、表にも示されているとおり、これら三組の三神は、独神として生成した最初の神、次に、黄泉の国との接触の後、水によるみそぎを経て生まれた神、続いて、高天原の神と国つ神との接触の後に、火中から生まれた神と、それぞれ重要なポイントにおいて、特徴的な生まれ方で、この世に出現してきた神である。そして、いずれにおいても、対立したり、対照的であったりする二神の中央に徹底した無為の神をもつことを共通の様相としている。これらのことから、筆者は日本神話の構造を中空構造として捉えたのである。

中空構造の特徴のひとつとして指摘しておくべきことは、先にも少し触れたが対立関係にある神が他方の神を完全に抹殺してしまわないことである。もし中心に強い神が存在するときは、それに対抗するものは、抹殺されるか、完全に周辺に追いやられてしまうであろう。しかし、中空構造においては、対立する神が適当なバランスをもって共存しているのである。そして、ある神が強力となって中心の地位を占めようとしても、全体の動きによって、それを元に戻してしまう傾向が強い。ここには詳論しないが、『古事記』には、その後、高天原系の神の子孫が天皇家になるのであるが、時に、出雲系の神が祟りをもたらすなどして、その神を厚く祀ることによって災害を免れる話が語られる。このことは、高天原系が完全な中心となることに対する、出雲系からの「ゆりもどし」の現象として解釈することができる。

日本神話のもつ中空構造については、筆者がはじめて指摘したのであるが、その後、わが国の一流の神話学者からも相応の評価を受けている。

中空均衡型と中心統合型

日本神話の中空構造について、ごく簡単に述べたが、無為の中心のまわりに存在する神々が微妙なバランスを保っていることを、シンボリズムの観点から見てみよう。西欧のシンボリズムにおいては一般的に、男性―太陽―精神―能動、といった系列に対して、女性―月―肉体―受動、といった系列が対応し、この二つの軸によって、あらゆる事象が秩序づけられるような考え方が存在している。このような極めて明確な分割に対して、日本の神話を見てみると、まず太陽は女性、月は男性であるし、能動と受動という点に関しても、アマテラスとスサノヲの関係は、互いに反転して明確に確定できない。また、アマテラスは女性、スサノヲは男性であるが、それぞれと関連の深い、タカミムスヒ、カミムスヒは、父性原理、母性原理の体現者として考えられるので、この場合も、カウンターバランスの機能がはたらいていることが、読みとれるのである。

これ以上、細部にわたっては論じないが『古事記』の神話を詳細に検討すると、中心を空として、それをめぐる多くの神々が微妙なバランスをとりつつ、決定的な対立に至ることなく共存していることがわかるのである。このような構造を、筆者は中空均衡型と呼ぶことにした。

これに対して、旧約聖書に語られる神話を考えてみると、その対比は極めて明らかである。ここでは唯一至高の神が世界のすべてを創造する。神のはからいによって、矛盾のない統合された世界が出現する。したがって、ここで神に反抗するものは、サタンのように完全に追放されることになる。このように、中心にある絶対的な力によって統合されている構造を、先の中空均衡型に対して、中心統合型と呼ぶことにする。ここに、その中心はあくまで善であり、あくまで正しいことが主張されねばならない。

中空均衡型の場合は、中心が空であるため、その中心を侵すことは悪であるにしても、中心自身がその善であることや正しいことを主張するものではない。したがって、この構造は、極めて受容的で、全体的均衡が保たれる限り、何でも受け容れる。時には、その中心を侵されるようにさえ思われるが、時が経つと、それは中心からはずされ、全体のバランスのなかに何となく取り入れられてゆく。日本が外来の思想や宗教に接したとき、このような方法を取ってきたと思われる。仏教にしろ儒教にしろ、一時はわが国の文化において中心的地位を占めるかのように思われたが、それは徐々に日本化されると共に、重要ではあっても絶対的中心ではないところに位置づけられていくのである。

中空構造を維持するためには、中心の空性を保持しなくてはならない。アメノミナカヌシ—ツクヨミ—ホスセリ、とそれぞれ存在はするがまったく無為の神が中心を占めていたように、これを人間の集団に当てはめるならば、中心には無為の人物が坐ることになる。この役割として、歴代の天皇は大体において、適切な存在であったと考えられる。つまり、天皇は最高の人物ではあるが、あくまで無為でなくてはならないのである。このような観点から日本の歴史を見ると、天皇が中空性の体現者としてではなく、中心の権力者として行為した時期は、それが結果として生じたのか、原因となったのかはともかくとして、日本の平和が乱されていた時であることがわかるのである。

い。それらの集団において、中心を占めるためには、ともかく、それが正統な系譜によっていること、いわば運命的に決定されていることが必要で、自分が中心を占めるための正統性を理論や主義主張によって証明しようとしないことが大切である。つまり、そのような主張をもった存在が中心を占めると、それは中心統合型に近づくことになるので、極めて危険なのであり、集団の成員が危機感をもって抵抗するのである。したがって、日本においては明確な方向性をもつリーダーは短期間しか存在できない。

中空構造は全体の均衡が取れている間はいいが、どれか強力な成員が中央に侵入しようとするとき、意外に抵抗が弱いときがある。大体においては相互の牽制によって中心への侵入を防いでいるが、それらは牽制はしても正面切って戦うことは少ないために、あんがいな中央への侵入を許すときがある。このことは中空構造の欠点である。もっとも、このようにして中心を占拠した者も、ある程度の期間には、徐々に中心からはずされてゆくことは、既に述べたとおりである。

中空構造と意思決定

日本人の意思決定の際に、既に述べてきた中空構造は大いに関連してくる。これは、個人の場合も集団の場合もよく似た現象を示す。まず、個人の場合で言うと、個人の心の在り方も西洋流の中心統合型になっていなくて、何かを決定する際に、自分の心の「中心」が決定する、という感じになるよりは、むしろ、自分の心を「空」にして、できるだけ他人の意見を入れこませようとする。あるいは、自分の意見をある程度もっているにしろ、それを明確な形にして打ち出すのを躊躇する傾向がある。

このような傾向は、たとえば、パーティで「何をお飲みになりますか」と聞かれたような場合でも、すぐに返事ができない、という形であらわれることもある。ともかく自分の意思というより、周囲の状況の方が優先するのだが、それが把握できていないときは返事に困ってしまう。あるいは、日本人に対して外国人がその意見を求めたときに、すぐに答えられなかったり、極めて月並なことを言ってしまうような傾向としても示される。

このようなことを基にして、「日本人には自我がない」とか、「日本人は個性的でない」などという批判を欧米人がするのを聞いたことがある。これは中心統合モデルに従うかぎり、そうかも知れないが、日本人が中空均衡のモデルに従っていると考えると、それほど簡単な断定はできなくなるのではなかろうか。日本人にも自我や個性は存在するが、その在り方が異なるのである。

集団の意思決定の場合は、中空構造の様相がより顕著になってくる。集団の成員はその決定を行うときに、自分の意見や方向をもっているとしても、それを明確に打ち出して中心を侵すことは危険なので、曖昧な形で提示したり、一般的な考えとして提示したりする。

それと反対意見のものも、できる限り正面からの対決の形をとるのを避けようとする。この際、全体をまとめる役割をとるものは、全体の均衡ということを常に考えていて、自らの考えによって全体をリードすることが少ない。このため、日本においては会議が長びくことが多い。短い場合は、既に全体のバランスを考えた「根まわし」が先に行われているためである。

中心統合型の場合、中心になるものは、その正しさ、あるいは、力などにおいて他に優るものでなければならず、その地位を獲得するためには必要な対決を行わねばならない。集団で意思決定を行う際に、討論をすることは是非必要であり、正面からぶつかり合うことによって、優劣を明らかにする。

これに対して、中空均衡型の場合は、正面からの対決は避けられることが多い。実際、日本人は欧米人の好む討論（discussion）をすることが下手である。欧米人にとっては討論はむしろ楽しみでさえある。このような欧米人は、日本人と話をしても面白くない、と嘆く。つまり、日本人は何でも「すぐ同意してしまって」、「討論にならない」からである。この場合も、日本人は実は「同意してしまって」などいないのである。ともかく、一応は相手の考えを受け容れ、お互いに敵対するものではないことを明らかにした上で、徐々に自分の意見も述べて、全体の均衡をはかっていこうとしている。しかし、そのパターンがまったく通じないので、結局のところは、自分の意見も言いそびれてしまって、討論にならないし、相手からは、日本人は「個人としての意見を持たない」などと批判されることにもなる。

このように言うことによって、中空均衡型が中心統合型に対して劣っているとも、またその逆に優れているとも言うことはできない。いろいろな場合が想定できるが、まさに一長一短である、と言えるであろう。また、中空均衡型の方は、危機的状況において意思決定を速断しなくてはならぬときには不都合なので、そのような状況が強いときには、日本においても中心統合型への移行が見られるときがある。

中心統合型においては、いわゆる、正・反↓合という図式があり、対決する両者の間から新しい創造が生まれるとき、その統合度はそれ以前より高いものとなる。中空均衡型においても、全体の均衡が崩れ、いずれかが中心への侵入を狙ったりしても、全体の均衡が以前と異なったものへと変化して、うまく落ち着くことがある。この際も新しい創造が行われたわけであるが、前者の場合の、正・反↓合のような明確な図式によって説明することが難しく、「自然の流れに沿って」うまく変化したと考えられることが多い。このような「理想像」があるので、日本人は自分の意見を述べる際にも、全体の「流れ」に沿っているかを気にしたり、自分の意見は自分自身のものではなく、自然に出てきたことを強調したりすることもある。

中空均衡型の場合、最悪の状態になるのは、重要な意思決定が行われたにもかかわらず、それに参加した成員が明確な責任を感じない、ということが生じることである。重要なことが、「何となく」決定された、などということになる。アメリカに長く滞在していて、大学生になって帰国した学生が、日本語の「何となく」というのが一番わかりにくい、と嘆いたことがあったが、まさに「何となく」というのは、日本的な中空構造の顕われと言っていいだろう。

ヒルコの課題

中空均衡型は、その長所として対立するものの共存を許すところがあると述べた。これは、明確な理念や力によって統合するものではないので、実に多様なものをそのなかに受け容れるのである。このことは、既に述べたように、神話のレベルで言えば、アマテラスとスサノヲが共存するように、多くの神々がそのパンテオンのなかに存在することになる。これが日本神話のひとつの特徴である。

しかし、非常に興味深いことは、『古事記』のなかで、ヒルコだけが日本の国外に流されてしまい、日本の神々から除外されるのである。ヒルコについては、『日本書紀』も参考にして考えるなら、いろいろと多様な解釈の余地を残すものであるが、ここではそれらについて詳述することを避け、われわれの論議にとって、もっとも意義深く感じられることを一点だけあげておきたい。それは、ヒルコはヒルメとの対応が考えられ、アマテラスがオオヒルメと呼ばれていたことから類推すると、アマテラスが太陽の女神であるのに対して、ヒルコは太陽の男性神であったのではないか、ということである。既に述べたように、日本神話においては微妙なバランスが保たれるため、西洋のように、太陽―男性―精神―能動に対する、月―女性―肉体―受動というような明確な区分が成立しない。しかし、ヒルコが男性の太陽神であるとすると、それは、むしろ、明確な区分をする神であったと考えられないだろうか。

『古事記』によると、ヒルコの誕生は次のような経過であったという。イザナキとイザナミが結婚の式をあげたとき、イザナミの方が先に声をかけ、女性が先にものを言ったのが悪く、ヒルコが生まれ、それは好ましくない子として葦船に入れて流されてしまった。この話から考えると、女性が先にものを言って、女性優位を示し、それによって男性の太陽神が生まれたとすると、それは先の女性優位をカウンターバランスするこころみであると考えられる。しかし、それはカウンターバランスするにしては、力が強すぎて流されてしまったとも考えられる。つまり、日本神話においては、常に微妙な適切なバランス機能がはたらき、全体としての平衡を保つようにされているのだが、男性の太陽神は、そのような全体的バランスそのものを拒否するほどのものであったと考えられる。

アマテラスとスサノヲによって女性と男性のバランスがある程度保たれているのに、どうしてヒルコという男性はそこに入ることができなかったかという点については、次のように考えることができるであろう。父性原理というように、原理としての父性を考える場合、それは単に家庭において父親が権力をもつとか、威張っているとかの次元とは異なることを認識しなくてはならない。

旧約に語られるキリスト教神話は男性原理の強いものであるが、文化人類学者の谷泰は、キリスト教神話の論理と、イスラエルにおける羊の放牧を行うための論理との間に顕著な類似関係のあることを示し、その本質を見事についている。[*1] 詳しくは谷泰の著書を参考にして頂きたいが、そのなかで特に父性原理の厳しさを明らかにしているのは、羊の群れを管理してゆくためには、群れを先導する雄は必要であるが、群れのなかに、雌雄が混合していると交尾期に混乱が生じるので、管理上、先導者としての雄と種つけのための雄以外は大量に殺すことを必要としている事実の指摘である。

「イスラエルの民にとり、オス当歳子の大量屠殺は必然であり、この大量屠殺の段階で、種オス候補として選ばれた若干のオスに対して、大量に間引かれて殺される選ばれざるオスという、オスの二つの運命が決せられることになる。もちろんその運命を決するのは、牧夫である」と、谷泰は述べている。そして、出エジプト記の過越しの出来事までの物語においては、農耕民族のように「死と再生」の話がどこにも見当らないことを指摘し、「当歳子羊は犠牲後再生したりはしない。しかも男神ヤーヴェは登場しても、女神はどこにも登場しない、男性的性に対して、女性的性は、少なくとも過越しの物語りではまったく中心的要素として現われてこないのである」と、旧約の物語の「性的不均衡」を明示している。

このような厳しい父性原理は、わが国においては見られなかったのではなかろうか。太陽の男性神ヒルコは、このような父性の体現者であり、それだからこそ、日本のパンテオンから追放されていった、と考えてみるとよく了解できるのである。「大量屠殺」の意思決定をすることを絶対に必要とするところに生じた父性原理は、やはり相当に厳しいものと言わねばならない。

さて、このようにして、ヒルコを意味づけるならば、現代における日本の課題を神話的レベルで表現すると、かつてはそれを追放することによって全体の平衡を保ち得たヒルコを、日本の神々のパンテオンのなかにいかにして迎えいれるか、ということになるであろう。ヒルコを入れこむことは容易なことではない。かといって、これまでのままでは国際化の著しい現代を乗り切ることはできないのではなかろうか。

しかし、中空均衡型と中心統合型を合わせたモデルというのは、おそらく考えることができないのではなかろうか。中空均衡型は何でも取り入れられそうに見えるが、中心統合型をそのなかに取り入れることはできない。おそらく、現代は単純なモデルを考えることによって、ものごとを解決することが不可能な時代なのであろう。両者を共存させることが、なかなか困難であるにしろ、われわれはこのようなモデルを知ることによって、単純に他を非難したり、あるいは、無批判に肯定したりはせずに、もう少し他を真に理解できるようになるであろう。そのことによって、何らかの新しい道も見出せてくると思われる。

(1) 谷泰『「聖書」世界の構成論理』岩波書店、一九八四年。

(『季刊アスティオン』一九九〇年冬号)

対談
神話と日本人——神話をなくした民族は命をなくす？　吉田敦彦×河合隼雄

泉鏡花とトライアッド

吉田　神話と無関係ではないと申しますよりはむしろ、実はきわめて深い関係があると思われますことでしばらく前に、これはまさに河合先生のお説のとおりだなと思ってあっと驚くような思いをしたことがあるので、今日はそれを対談のとっかかりにさせていただきたいと思います。

　と申しますのは泉鏡花の『高野聖』を何ヶ月か前に読み返してみたところ、あの小説には先生もお気づきかと思いますが、先生のご著書『昔話と日本人の心』（岩波書店）の中で日本人の深層心理の基底にあるとお書きになっております「水底の三者構造」（トライアッド）が、まさにご指摘になられたその通りの形で出てくるんですね。ほんとにびっくりいたしました。

『高野聖』の主人公は飛騨から信州へ越える途中、けわしい山路に入りこむ。そしてそこで何よりも大嫌いな蛇に何度も出会い、全身をおびただしい山ヒルにたかられて、血を吸われるなど、まさに死ぬような思いをした末に、人里からまったく隔絶した人外境のようなところの孤家に住んでいる不思議な美女に助けられる。その女はその孤家に、白痴の少年と老人と三人で、先生がおっしゃるまさにその通りのトライアッドを構成して住んでいる。しかも実は女の夫でもあるこの少年は、「唖か、白痴か、これから蛙になろうとするような少年」だったと言われ、「出臍という奴、南瓜の蔕《へた》ほどな異形な者を片手でいじくりながら」とか、「臍を捻《ひね》りながら返事の代わりに嘗めようも知れぬ」などとも表現されております。これは「水底の三者構造」が特にはっきりと出てくる典型的な昔話として先生があげられた『火男の話』に登場する「童《わらし》」のヒョウトクとそっくりです。ヒョウトクは、「白鬚の翁」と「美女」と一緒に地下の他界に住んでおり、「何ともいえぬ見っともない顔で、臍ばかりいじくっていた」と言われております。

その女によって主人公はヒルに血を吸われた体をすっかり癒してもらって、そのままその孤家で、彼女と暮らしたいとまで思う。だが老人から、彼女は実は恐ろしい魔女で、男にあきると動物に変えてしまうのだと教えられて、孤家から去ってゆく。

人外の他界にいてそこに迷いこんでくる男をすべて動物に変えてしまうという点ではこの女は、たとえば亡くなられた由良君美なども指摘した通りに、『オデュッセイア』の中のキルケとそっくりです。だが、だからといって『高野聖』は由良が言ったような、「『オデュッセイア』のキルケのストーリーのあまり熟さぬ模倣だ」と言ってすむような駄作ではけっしてない。

それどころか、日本人の深層心理のあり様をじつによく表現したということでもまさに名作の名に恥じぬ作品であると思われます。キルケも『高野聖』の孤家の女も、先生の用語を使わせて頂けば「呑みこむ太母」ということになります。そして『高野聖』の主人公も、オデュッセウスも、その「呑みこむ太母」の犠牲になることを免れているわけですが、その虎口からの脱出のしかたが両者で非常に違っています。

オデュッセウスのほうはヘルメスという神様の助けを借りてキルケの魔法に勝つわけです。それでキルケが降参して、オデュッセウスの愛人になる。明らかに相手を征服して、そしてそのあとで彼女の住む島からオデュッセウスは出て行くわけですね。

ところが『高野聖』の方では主人公は、孤家の女を退治するわけでもなければ、自分の愛人にするわけでもない。河合先生が日本の昔話の結末ではいつも「鬼はあちらの世界、人間はこちらの世界、という『棲み分け』が行われ、平衡状態が回復されて話は終わる」といわれる、まさにその通りの結末で、『高野聖』も終わっているわけです。

その上、『高野聖』ではキルケと似たところのある孤家の美女は、なぜか『火男の話』に出てくるヒョウトクとそっくりな、出臍でその臍をいつもいじっている少年と一緒に、人外魔境の孤家に住んでいて、そこに後見役のような老人もいるわけです。

河合　老人はそうですね、知恵ですね。由良さんのお弟子さんの脇明子さんという方がいますね。あの人が『幻想の論理』で泉鏡花の分析をしていますね。

吉田　私は、由良さんにはご生前にいっぺんだけお会いしたことがあるのですが、ほんとに博覧強記の方でしたよね。

「あまり熟さぬ模倣」という言葉は、西洋のスタンダードを当てはめてみればまさにそう言える。だがその西洋的スタンダートとずれた部分にまさに日本独自のものが、ほんとうによく表現されている。

その点で泉鏡花はまさに、日本的美のたんげいすべからざる表現者だったと言えるのでしょう。

スサノヲの母殺し

河合　泉鏡花というのは、またこれから大いに評価されるかもしれませんね。

ヨーロッパとの違いをいうと、悪いやつを退治する、というのは西洋の場合、あるいはギリシャでもそれが多いわけですが、ほかの文化になると、退治しないのも多いですね。アジアのものになってくると、そうですね。

主人公が怪物を退治してという、そういうパターンというのは、非常に普遍的なものなのですか。あるいは、どうしてもヨーロッパのほうに多いとか、そういうことは言えますか。

吉田　龍退治の話というのは本当に普遍的だと言ってよいと思います。というのはミクロネシアの島であるとか、蛇の害のないところまでいってもまったく同じパターンの話があります。そこでは蛇ではなくなって、ウナギとか、ウツボなんです。ウナギとウツボは、英語では、どちらもイールですから、どっちかわからないんですけれどもね。ようするに大ウナギとか、大ウツボということになって、それを主人公が退治して、その犠牲になりかけていた美女を救う。

河合　その点、日本には退治しない話が多いというのはおもしろいですね。そもそも、神話の話でいうと、アマテラスとスサノヲノミコトでも、あれがもし、西洋の話だったら、おそらくスサノヲは退治されてしまうでしょうね。

吉田　そうですね。だから、高天原の神話と出雲の神話は、もともとは別々のものだったのだという人もいるわけですけれども、私は、けっしてそうではないと思うんです。

　スサノヲは確かに高天原では、ひどい悪者だけれども、出雲に行くと、そこではヤマタノヲロチを退治する。だがそれは、もとは別々だった悪神と英雄神がくっつけられたからそうなっているのではなく、先生のおっしゃる「ゆり戻し」あるいは「カウンターバランス」によってそうなっているので、その一方だけに限定してしまっては、スサノヲは日本的な神ではなくなってしまうと思うのです。

河合　退治して英雄になっていますからね。

吉田　そうですね。

ただ、前に先生とお話をさせていただいたときにも問題になりましたけれども、せっかく退治して英雄になってもそこでまたもう一度「ゆり戻し」が起こる。退治したヲロチの尾から草薙の剣を手に入れても、その剣を自分では使わずにアマテラスに献上してしまうとか、クシナダヒメといったんは結婚するけれども、結局は、自分だけが根の国に行ってしまって、そこでは自分の娘のスセリビメとべったりの関係になっているとか（笑）。

河合　そうですね。やっぱり母離れが完全にはできていないということでしょうか。

吉田　大林太良先生が、スサノヲは神話の中で三度、殺害をしているということを指摘されています。つまりアマテラスが彼の乱暴の所為で天の石屋に閉じこもったというのは、これは象徴的な死でスサノヲに殺されたと言える。そしてそのあとでスサノヲは、オホゲツヒメを殺して、さらに、ヤマタノヲロチを殺しているというのです。

河合　ええ。

吉田　このスサノヲの三度の殺害は、私や大林先生が、日本の神話に当てはめて、いろいろな分析をしてまいりましたデュメジルの「三機能」の理論に照らしてみると、アマテラスは高天原の女王ですから第一機能、オホゲツヒメは死体から作物が発生するので第三機能を代表する女神です。そして、ヤマタノヲロチは龍退治ですから、これはまさに英雄にふさわしい第二機能の殺害です。だからスサノヲはデュメジルの言う三機能のそれぞれの分野で、一度ずつ殺害を犯していると言える。大林先生はそういう分析をされているんです。

そのことについて、私は、スサノヲは大林先生が言われる通り確かに三機能の殺害をしているが、それはそれと同時にまた三度ともそれぞれ母殺しの意味を持つ殺害だったのではないかと思うのです。

つまり高天原でアマテラスにひどい乱暴をして、天の石屋の事件を起こしたときのスサノヲは、明らかにアマテラスを、先生のおっしゃる「代母」に見立てていたので、その「代母」に象徴的死を遂げさせたことでスサノヲはそこで一度目の母殺しをした。

そしてその一度目の母殺しをしたことによって、スサノヲはたしかにある成長を遂げたと思える。なぜなら高天原ではスサノヲは、まさに赤児のような振る舞いをしていたわけです。そのスサノヲが、天の石屋の事件のあとで高天原から追放されて、オホゲツヒメのところにやって来たときには、オホゲツヒメが彼にご馳走しようとして自分の体から出した美味しい食物を、汚いものを食べさせようとすると言って怒って、その女神を殺した。ということは彼はそのときには、母親の体から出てくる分泌物を食べる嬰児、乳飲み児の状態よりは成長していたわけです。

そして、そのあとで、ヤマタノヲロチを退治することで、三度目の母殺しをしたのではないか。

オホゲツヒメを殺したときには、確かに、自分はもう母親の体から出てくるものを食べるような嬰児ではないんだということで殺しているわけですけれども、でも、その殺し方はまったく衝動的なやり方だったわけですね。

だがそのあとで、ヤマタノヲロチを殺すときには、彼はそのために、垣根を作らせ、門を作らせ、お酒を醸させ、容器に酒を満たして門の前に置かせるというふうに、きちんと計画を立てその計画通りに殺害を果たしているんで、これは立派な大人に近い振る舞いです。

ですからスサノヲは母殺しを三度繰り返し、その一回ごとにはっきりとした成長を遂げていると思われます。

前に、河合先生および湯浅泰雄先生とお話し合いをさせて頂いたときには、私は、スサノヲがいつまでたっても成長しないということの方をもっぱら強調しまして、それに対して湯浅先生は、そんなことはないと強く反論されたわけですが、確かにスサノヲは湯浅先生が言われたように段階的に成長している。その点でそのお話し合いが本になった『日本神話の思想』（ミネルヴァ書房）の中で、私が述べておりますことは、修正する必要があると思います。

だから、ヤマタノヲロチ退治というのは、すでに幼児ではなくなってほとんど大人に近い成長をしたスサノヲがした行為で、きちんと計画を立ててその計画に従って遂行された。しかも、その殺害によってスサノヲは草薙の剣を手に入れた上に、ユング派の深層心理学の用語で言えばまさにアニマとみられるクシナダヒメを助けて、妻にまでしているわけです。そこまでしてるのに、スサノヲはそれでもまだ完全に母離れを遂げることができなかったので、これは本当に不思議といえば不思議ですよね。

河合　それは、しかし、すごく日本的でいいんでしょうね。これはおもしろいですね。

話が横道に行くようですが、結局、人間は母親から自立して行くわけですね。たとえは日本の昔だったら、若衆宿というのがあって、バーンと、母親のところから出ていくわけです。それでいかにも母親から自立しているように見えるけれども、結局は、世間の言うとおりに生きていくという点では太母の中に入っているわけです。

先生が、今、言われたように、いっぺん母親から離れたからといって、完全に自立してるといえるかというと、そんな甘いものではないんですね。何度も、何度もやらなくちゃならないんです。それなどのぐらいやったかということが問題で、いっぺんやったからということが、すぐに自立とは言わないほうがいいんじゃないかと、ぼくは、このごろ思ってるんです。

今の話なんか、そういう点で、すごくおもしろいですね。

吉田　今先生がおっしゃった日本の若衆宿と対応するような、無文字民族の間で行われるイニシエーションでも、子どもはそのイニシエーションによって母親と本当に切り離される。それだから母親はイニシエーションを終えた子どもを迎えるときには、まるで死んだ人を迎えるみたいにして泣くというんですがね。

河合　それは個人としての母から自立しているんですね。もうひとつ上のおかあちゃんいうのがいる、というふうに考えると、今のお話は、ほんとにおもしろいですね。

吉田　同じ部族の少年たちがその部族の習俗や信仰をすっかり覚えて、ひとしなみに一人前の大人になるということは、先生のお考えでは、区別がないんで本当の自立ではないわけですね。

河合　そうです。

吉田　その状態は、まだ個人々々の区別がないので、みんなが相変わらず太母に飲み呑まれている（笑）。

河合　ええ。しかし、お母さんのスケールが大きくなっていくわけです。

アマテラスと母性

吉田　前に先生とお話し合いをさせて頂いたときからいろいろ考えてみまして、あのときにはよく理解していなかったと思うことがもうひとつ、あるんです。

それは、日本の神話に語られているスサノヲの成長の過程は、たしかに日本人の男性の心のあり方を、じつによく表現している。つまりスサノヲはその意味ではまさに日本男子の原形だと言えると思うのですが、それと同時に、日本神話にはまた、アマテラスの成長の過程も語られているのではないかということです。

つまりスサノヲが高天原で、アマテラスと対決したときの彼のあり方ですが、私は、以前にはスサノヲがそこではアマテラスをただひたすら、母親を慕うように慕ってやって来たと考えておりました。そしてアマテラスに対して母に対するだだっ児のような甘えの限りを尽くしたというふうな面だけでとらえていたのですが、先生のお説をその後、さらに勉強してみますと、スサノヲがここではアマテラスにとってグレートマザーでもあったのではないか、そういうとらえ方をしてみる必要があることが分かってきました。スサノヲはイザナミと全然、母離れができていなくて、母親とべったりの、つまり区別のない状態にあった。それに対してアマテラスはそんな太母の力を経験したことがなかった。言うなればスサノヲを迎えたときまでのアマテラスは、太母の力との対決ができていなかったわけですね。

河合　アマテラスは知らないんですね、そもそもね。

吉田　そのアマテラスの前にスサノヲは太母と一体化しその凄まじい呑みこむ力を体現し引きずったものとしてやってきたんで、だから、アマテラスが作っている田んぼの畦も、溝も壊してしまう。それから大嘗聞こしめす殿に大便をして汚してしまうというのも、神聖なものと穢れたものを一緒くたにして、全部、混沌にしてしまうということで、つまりアマテラスが作っている秩序を全部ご破算にしようとすることだった。機織りというのも縦糸と横糸を組み合わせて整然とした秩序を織り出す作業ですから、その妨害にもやはり秩序を破壊し混沌に戻す意味があったと思えます。アマテラスはスサノヲとの対決を通してそういう太母の凄まじい破壊力とはじめて触れて、それによって、いったん死ぬような目に遭わされ、結局その力に呑みこまれて、太母の胎を表すと思える天の石屋に入った。

　そのアマテラスに対して、アメノウズメは、自分の乳房と女性器を露出して、八百万の神をみんな、ドッと笑わせる。これはそれまでのアマテラスに欠けていた女性性をこの上なくはっきりと強調した行為であるわけですね。そしてそのあとに、鏡に映った自分の姿を見て、アマテラスが誘い出されたということは、そのとき鏡の中に映ったアマテラスの像は、アメノウズメが「汝命《いましみこと》に益《まさ》りて貴《たうと》き神います」と言ったと言われているその通りに、女性性を得ることで一段と成長を遂げた自分の姿だったのではないか。アマテラスはスサノヲを通して、太母のマイナスの面と対決して、いったん死んで再生した。そのことによってアマテラスは、自分がこれまでけっぺきな処女性と相いれぬものとして否定してきた女性性を得て、一段、高い段階に成長しているんじゃないか。

アメノウズメによる乳房と女性器の露出には、女性をもっとも剥き出した明からさまなやり方で表現して見せることで、アマテラスに女性性を得させるきっかけとなった事件としての意味があったのではないかと思うのです。

河合　ほんとに、そう思いますね。

で、そのときの笑いというのがいいですね。笑いというのは、先生が書いておられましたね。「開ける」ということですよね。だから、アマテラスの世界がバーッと開くんですよね。それまでは、いわば母と無縁の生き方をしていた女性が、母性というものにバーッと開けるというかね。

しかし、それが太陽として出てくるというのがおもしろいところですね。欧米的な二分法になってなくて……。スサノヲが普通であれは、悪神として落とされるところが、そこからまた非常に偉大な神様にもなると。だから、そういう善悪というふうな二元論も、まったくないわけですね。

今のは、ほんとにおもしろいですね。スサノヲというのが太母性を背負ってやってきているというね。それをアマテラスが体験するんですね、いろんな形で体験するんですね。

吉田　その次の段階として、アマテラスはスサノヲから草薙の剣を献上されますね。この事件には母神であるアマテラスが、その剣を得たことによって、河合先生がよくおっしゃる、父性を獲得した事件として意味づけることができますよね。

それからまた天孫降臨の話では、アマテラスは最初は自分の子のオシホミミに降臨を命令した。しかしそのオシホミミは結局降りていかないで、その代りに生まれたばかりの孫のホノニニギが降りていくわけですよね。

河合　そうですね。そういう味があるというか、アマテラスがオシホミミに行けといっているのに行かずに、孫のホノニニギが行くとか、ほんとにこの世の世界とよく似ていますよ（笑）。

吉田　そうすると、そのホノニニギはまったくプエル（少）そのものですよね。そして、古事記の神話ですと、そのプエルである天孫に降臨の指令をするのは、アマテラスだけではなくて、アマテラスとタカミムスヒなんですね。タカミムスヒは、世界の初めに高天原にまず出現した最古の三神の一人ですから、セネックス（老）の体現と見ることができる。そうすると、タカミムスヒとアマテラスとホノニニギがやはり、先生のおっしゃるまさにその通りの……。

河合　はい。あれも大切ですね。アマテラスの後ろにタカギの神（タカミムスヒの別名ですが）がいるというのはね。そして、孫が行くというのはね。

吉田　「祖父―母―息子のトライアッド」である「水底の三者構造」そのままであるわけでして、この段階でアマテラスは、河合先生が「トライアッドによって支えられている」と言われる、まさにその通りの日本人の自我を表す段階にまで成長を遂げていると言えるのではないか。そしてこのようなアマテラスの成長過程を語ることで、日本神話には河合先生がいみじくも日本人の意識は「女性像」によって表されるのが適切と言われている、その日本人の意識の成長の過程がきわめてよく物語られているのではないかと思うのです。

それから河合先生はまた「日本人の自我は時に老の意識のようであり、時に女性の意識のようであり、時に少年の意識のようであり、あるいは、これらの者のどれかの混在のような様相を呈することになる」ともおっしゃっていますね。

つまり老と少、セネックスとプエルが、実は別々でない不離の存在なので、同じものの両面でもあるのだと。

河合　ええ。

「こと」と「もの」

吉田　そうするとそのことと関係づけて考えてみると面白いと思われることを、荒木博之が、『やまとことばの人類学』（朝日選書）という水の中で指摘しています。日本人の意識の非常に重要な二面として、一方は「もの」という言葉によって表される、そして他方は「こと」という言葉によって表される、そういう二面があるというのです。

一方の「もの」というのは、つまり、世間の原理とか、それから集団の決まりとか、人間としての定めであるとか、そういう動かしがたい不変のもので、それには日本人はまったく無抵抗に従うわけですね。それにたいして、他方の「こと」というのは、そのときそのときに起きる一回限りの出来事で、その「こと」の変化にきわめて敏感に反応しながら、それにあうようにいつも自分を合わせ順応して行く。そういう二面が日本人の生き方にはあるというのです。

　分かりやすい例で申しますと、ことも、ものも、名詞として使うのが一番普通の用法のように思えますけれども、どちらもじつは終助詞としても使われるわけです。そしてその場合にたとえば「人間は悲しいもの」とはいうけれども、「人間は悲しいこと」とはけっして言わないわけです。

　私に何か突発的に一回的な不幸なことが起こった。とんでもない事故にあったとかいう、そのときには「ああ、なんて悲しいことだ」と言うわけです。それから、「花は美しいもの」とは言うが、「花は美しいこと」とは言わない。だが、「あそこに咲いているあのチューリップがなんて美しいこと」とは言うわけですね。「あそこに咲いているチューリップが美しいもの」とは言わない。

万葉集の歌まで遡ってみても、有名な歌で言われている、「世の中は空しきものと知る時し、いよよますます悲しかりけり」という、「世の中は空しきもの」、これは定めですね。それに対して、「大船を荒海に出だしいます君　恙《つつ》むことなくはや帰りませ」。これは非常に危ない航海をしている、そのあなたに対して、「恙むこと」とこの歌で言っているのは突発的なことですね。難破するとか、何かとんでもない災難にあうというような一回限りの事件がどうか起こらないようにと祈っているわけです。

あるいは「命あらば　逢ふこともあらむ　我が故に　はだな思ひそ　命だに経ば」。これは命があれば、あなたと必ず会えるというのではなくて、生きていれば、もしかして、なにかの偶然でもって、また会えることがあるかもしれないじゃないかと言っている。そういう一回的なことは、「こと」と言うんですね。それに対して恒常不変なことは、「もの」と言う。そういう違いがあるんですね。

　それが日本人のあり方で、一方では「もの」に従いながら、他方で「こと」に、臨機応変的に順応して生きている。そういう両面がある。

河合　「もの」と「こと」というのはおもしろいですね。「物語」はあるけれども、「こと語り」はないですね。

吉田　ええ。その物語に対して、こと的な面で対応するのが、コトワザだと荒木博之はいうんです。

河合　なるほど。諺はあるときは、パッとやるんですね。物語は、人生全体ですね。諺と物語というのは、すごくうまい言い方です。私は、このごろ、物語が好きになってね。もっぱら物語なんですけれどもね。

　そして、ものというのは、われわれが、今、普通に言っている心とか、全部、含んでいますからね。全部、含んで、ほんとの全体ですね。

吉田　はい。だから、「もの」というのは恒常的な原理とか、あるいは集団の定めとか、そういう意味で、そうすると、日本人にとって神というのは、まさにそのものという言葉で表されるその集団の掟とか、それが神なので、だから、ものという言葉は超自然的な心霊的な「もの」を指して使われることになる。そして、その「もの」という言葉で言われる神は、その原理原則に従わなければ祟りがあるわけです。それが物の怪の祟りだと言うのですね。

河合　そうですね。そういうふうに考えていくと、そういう状況の中に仏教が入ってきて、一緒になるというのがよくわかりますね。非常によくわかります。日本的な仏教だということがですね。

仏教の場合は、違う言い方をするんだけれども、それが日本的なものの思想と合体していくという感じがしますね。

しかし、ある意味で残念なのは、日本の神道とかいう場合に、明治以後の神道というのは、国家的に作ってしまうから、それまでの、せっかくの神話の知恵は全部捨ててしまってるという感じがしますね。

吉田　そうですね。それから先生のなさるカウンセリングというのはこれはまさに「こと」ですよね。

河合　そう。しかし、その「こと」に応じている後ろに「もの」もあるということを忘れてやってると……、ぼく、諺というのは、「こと」のことをうまく言っていると思います。

　たとえば、諺というのは絶対、逆があるでしょ。「君子危うきに近寄らず」があると「虎口に入らずんば虎児を得ず」というのがあるでしょ。それは、その「こと」にあたって、どっちかの諺が生きるんです。だから、ひとつの諺で人生を生きようというと大失敗するんです（笑）。その背後には「もの」があるんです。

「もの」は語りになってくるわけです。だから、それこそ神話になるわけでしょ。壮大なものを持ってないとだめなんです。その壮大な神話が、「こと」にあたって、諺的に機能するわけです。

　物語というのは、われわれ、日本の神話の中に生きているわけだけど、それでも、やっぱり、ぼくらも個人ですからね。個々の人間に、それなりの物語というのがあるのと違うかと、ぼくは思ってるんです。それで、やはり、そういっても、ずーっと歴史の中で、ぼくらは生きてきているわけだから、そんな急に、どっかの神話を借りてきてもだめだし、けれども、日本の神話そのままなんていうことはできないですね。これだけ西洋と接しているわけですから。その中で、各人は、自分の物語というのを考えていかないといけないと、ぼくは思ってるんですけれども。

　だから、極端な言い方をすると、私の神話は何かということですね。私が生きている神話は何かと。それを探していくというか、それを作っていくというのが自分の人生だと、ぼくは思ってるわけです。

で、各人は、みんな、違うものを作られるわけでしょうけど、それのお助けをしているわけですね、ぼくらは。それを下手な人は、自分の物語を相手に押しつけようとするんです。それが一番怖いと思いますね。あるいは自分の諺をね、「こうしなさい」とかね。ぼくは、滅多にそんなこと、言わないですよ、こうしなさい、ああしなさいということは。こういう諺がありますよ、昔からこんな諺がありますよ、というのは言ってもええけど、それを使うか、使わんかは相手次第でしょ。

それからある人が、ひとつの諺だけ好きになって頑張ろうとしたときに、「あなた、違うのもありますよ」とかね、そういうことは言ってもいいですよね。ところが、これでやりなさいというのはすごく危険です、と、ぼくは思います。

これでやりなさいという例の悪い典型がオウムですよ。麻原を信じて、言うとおりにすれば極楽にいけるはずになっていたんだから。あれもひとつの麻原流の物語を持ってたわけですよね。それを押しつけたわけですが、それにはまった人もたくさんいるわけです。というのは、なぜかというと、日本の教育の中で、あまりに神話とか、物語とかについて、われわれが話をしてるような意味での教育がなさすぎたんですよ。だからみんな、免疫がないんですね。もっと小さいときから、日本の神話を聞いたり、いろんな話を聞いたり、おもしろいなあと思って、いろいろ、こんなことがあるのやと知っていたら、麻原の話を聞いても、そうびくびくせえへんと思うんですよ。

ところが、みんな、知ってるのは自然科学ばっかりでしょ。そして、いくら医学の勉強をしても、自分が死んだからどうなるかということは医学書には書いてないわけです。

これ、ぼく、よく言うんですけれどもね。例えば恋人が突然死んでしまった、恋人が交通事故で目の前で死んでしまった。そういうときに、どうして、あの人は死んだんでしょう、と言うでしょ。お医者さんは簡単で、それは出血多量ですよ、ってすぐ説明できるわけです。そういう説明を聞きたいんじゃないんですよね。私にとって、私の人生にとって、これは物語なんです、絶対、物語になるわけなんです。

ところが、物語のほうの教育が、ちょっと日本では弱すぎたんです。なぜかいうたら、戦争の前までは、物語を自然科学とごっちゃにしていたからなんです。神風が吹いて日本は勝つなんていうのはその例ですね。これは、麻原だって、そういう傾向があるんですけどね。だから、自然科学的説明というものと、物語の意味というものを、ものすごく心の中にはっきり持ってないと、ごっちゃになるんです。

そして、戦争前までは、日本なんかは、物語が自然科学みたいな顔をして、へんなふうに言うから失敗したんです。逆に今の時代は、自然科学が物語的なことを言い出すわけです。自然科学さえ知っとったら、なんでもできるんだと。大間違いですよね。そうすると、その間にはまった人が麻原の話なんか聞いたら、いっぺんにやられてしまうんです。それが、今、日本の若い人たちのおちいりやすいところです。これは、すごい危険ですね。だから、もっと神話の話とかね、学校でもやってほしいと思ってるし、それは先生が話をされたら、みんな、喜ぶはずですよ。

吉田　だいたい今の世の中では母親だって忙しいから、子どもにおとぎ話なんか聞かせてやらないですからね。

河合　それぐらいやったら、塾に行って勉強しなさいって（笑）。だから、生きる勉強、人生を生きる勉強が、がたんと今、なくなってるんですね。そして、知識を早く獲得して、それを出せば賢い子ということになってるからね。

　父親も、母親も、どちらも今、いかれてるからね。親といったらいいでしょうね、親が……、しかしねえ、親が、そういう物語の世界というものに開かれていたらねえ。そうすると、家の中に物語ができてくる。

　しかし、おもしろい家というのは家の物語を持ってるわけです。おじいさんがどうしたとか、おばあちゃんがどうしたとか、ここの家はそもそも誰が作ったんやとか、そんなの、いっぱいありますよね。そんなの、子どものときから聞いとったら、ちゃんと家の物語を聞いて育つわけですね。ところが、そうじゃなくて、算数がどれだけできましたか、英語はやってますかとか、そんなことばかり言っていたら、全然、それは物語と関係ないですからね。

「日本人病」と神話

吉田　最近のエッセイの中では、先生は「日本人柄」というおっしゃり方もなさっていますね。

河合　はい。日本人病を克服する努力のひとつですね、こういうことをやってるのは。やっぱり、自分が病を克服するためには、神話を持たなければだめですからね。新しい神話を持っていかないと。そのためには、日本の神話とか、いっぱいよく知ってないと。

でも、うっかり克服したらだめになる。ぼくの言い方によると。病気を克服する努力をしているからいいんで、どこかで治ったら、もう仏になってしまって、あっちにいってるかもわからん（笑）。

それから、今、先生が言われたとおりで、同じ神話を読んでいても、意味がわかってない、あとからわかるということがいくらでもあるわけです。何遍読んでも出てくるわけです。こんな見方があったかというのがね。ぼくら、前にいっぺん対談してるわけですけれども、今度はあのときとはこれだけ違う話を二人でしてるわけです。しかし、材料の神話は同じですよね。

吉田　それは本当におっしゃる通りだと思います。ところで日本人病を克服するために、とおっしゃったけれども、ユングはヨーロッパにとっても、ヨーロッパ人病を克服するために神話の知恵に学ぶ必要があることを力説したわけですよね。

河合　ほんとにそうです。だから、彼は、ヨーロッパ人病を克服するために、どれほど東洋の知恵が役立つかということを何度も言ったんです。必死になってインドの本とか、中国の本を読むわけですから。だから、われわれは、そういう意味では、西洋のものをもっと知るべきですね。ものすごく読まないと。キリスト教というのもすごい大事だし。しかし、おもしろいのは、神話のところぐらいまでいくと、相当に共通部分があるんですね。

アマテラスと中空構造

吉田　アマテラスについて、もうひとつ私が考えていますことは、アマテラスは高天原の主権者でそこにいたままでスサノヲから草薙の剣を献上される。また国土もオホクニヌシが苦労して国作りをして完成したものを献上させて、そこに支配者として自分の子孫を降らせる。そういうことで、アマテラスはまさに世界の中心そのものですよね。ところがそのアマテラスが、まさに先生の言われる「中空構造」的な日本の為政者そのもので、自分では重要なことを決めないんですね。

河合　ああ、それもあり得ますね。思い描いて考えるだけなんですね。

吉田　自分で決めないで、八百万の神を、全部、天の安河の河原に集めては、みんなで相談させる。つまりいつも「よきに計らえ」というわけです。そしてその相談によって、天神の総意として決まったことをそのまま実行させる。

それからまた、地上の国つ神たちの支配者で中心であるオホクニヌシの方も、国譲りをするかどうかというもっとも肝心なことを自分では決めなくて、国つ神の総意をコトシロヌシの託宣を聞いて、その通りに実行している。

つまりアマテラスにしても、オホクニヌシにしても、日本の神話の支配者といいますか、女王とか、王に当たる存在は、みんな、よきに計らえなんですね。

河合　そういうふうにいうと、ずーっとアマテラス中心の形で筋が通っていくんだけれども、そのあり方みたいなことをいうと、なんか、中心に中空があるというような言い方をしてもいいというか、そうなっていくかもわかりませんね。

実際、日本人というのは、いまだにそれをやってるわけだから、アメリカと話し合いができるはずがないんですよ（笑）。あちらはヒーローが龍をバーンと退治して、そして、自分が中心になって、全部、決めていこうと、こういう形ですからね。そういう形をしたアメリカのタイプの人が来て、おまえはどうだというときに、言われた人がよきに計らえとか、みなさんはどう思われますか、なんて言うでしょ。それこそ、アメリカ人から見れば、日本のリーダーというのは、全然、無能力に見えるんですよね。

吉田　今の政府では、まさにその状態が極限にまで達してしまっているようですね。だから日本の無為に対する、アメリカのみならず西欧の指導者たちのいらだちも当然極限に達しているのでしょう。

河合　そうですね。

それがお互いが、もうちょっとあり方がわかればね、そんなにむちゃくちゃにならないと思うけれども、やっぱり自分のほうが正しくて、相手は間違っているというふうに思い出すとねえ。また日本人にしたら、アメリカ人は、カタイ。ほんとのことばかり言ってきて、それでは話にならんじゃないかと思ってるわけでしょ。ところが、あちらの人は、せっかく、ほんとのことを言ってるのに応えないと、こう思うわけだからねえ。向こうはいいことはやりましょう、悪いことはやめておきましょう、ということなんですね。でも、苦労するんですよね。今のクリントンさんなんてそうだけど、悪いことをしたけれども、あれは悪くないと言わないかんので、すごい苦労するわけですよ。しかし、苦労してでも、そこはちゃんと全部、説明できる形に持っていかなければならない。日本は、そんなことは、あまりやかましく言わないで置きましょうということでね（笑）。

私は、先生のおっしゃられた考え方のアマテラスですね、女性の神が中心にと言うので説明がつく、考えられるというのと、私が言っている中空構造ですね、この二つをどういうふうに持っていくかというのがずっと心の中にあるんです。

そしてアマテラスを真ん中に持っていってやったほうが、ある意味ではずーっと通るんです。全部、通る。通るけど、まだ実際に中空構造は、いろいろ説明を変えると、これは通ってくるわけです。この二つを心の中で、もうちょっとぴったしと納めなければいけないという仕事が私は残ってましてね。

オフィシャルなシステムは、アマテラス中心システムで、全部、説明できると、私はそう思うんですけれどもね。そのアマテラスの中心というのが、ほかの西欧人が考えるような中心ではないんです。「みなさんが」というやり方をやっていますね。その「みなさんが」というほうをすごく強調してもってくると中空構造ですね。そのときは、ちょっとアマテラスが中心からずれると。

しかし、王権ということになると、中空ではない、王権は中空ではないんですから、王権はちゃんとあるわけですからね。だから、王権構造に持っていく話でオフィシャルというと、アマテラス中心の話で、全部説明がつく。

ところが、もっと言うならば、心理的にと言ったほうがいいでしょうね。サイコロジカルに、そのあり方を見た場合に、中空の構造で言ったほうがいいのではないかと、そう言ったら一番いいですかね。

吉田　はい。ただ、天上ではたしかにアマテラスが中心ですね。だけど、そのアマテラスは、プエル的なホノニニギを地上に降して、それによって地上ではプエル的なものが中心になっていく。だけど、その上にはアマテラスがいて、さらにそのアマテラスの背後にセネックスであるタカミムスヒがいる。そして地上でも皇祖神たちとか天皇の背後には、セネックス的なシホツチノヲヂとか、タケノウチノスクネとか、あるいは摂政、関白とか、そういうものがいる。

ですから、やっぱり女性でもあり、同時にプエルでも、セネックスでもある、先生が言われるまさにその通りの構造が王権の支えとして天上でも地上でも構成されていて、そのトライアッドによって、王権も社会も安定しているような感じなんですね。

神話と日本人のこころ

河合　それがなかなか外国人に理解されないんです。とくに欧米の人に理解されないところなんですね。

しかし、欧米のシステムのほうが絶対によいとは、ぼくは言えないと思うんです。案外、日本的システムも、ぼくはおもしろいと思ってるんです。だから、こっちがよいという必要は全然ないんだけど、こんなのもありますよと、これもなかなかおもしろいですよ、ということは言っていいんじゃないかなと、ぼくは思ってるんですけれどもね。

有耶無耶もひとつの解決ではあるのですが、残念ながら日本は、悪いほうでいうと、まったくほんとうの有耶無耶になってしまうんです。

吉田　それで先生がおっしゃるように、太平洋戦争も日本では誰がその戦争をした責任者なのか一向にわからないということになってしまうわけですよね。

河合　そう。悪い有耶無耶でいうと、悪いやつが、どんどん蔓延することができるし、責任が曖昧になっていくんですね。これを防がなければならないとすると、みんながある程度、この有耶無耶で置いておこうとか、これは有耶無耶なんだという、そこは意識化するというか、それはちゃんと言語で言うとか、そういうことを、われわれ、これからやっていかないと、昔どおりの有耶無耶でいっていたら、もう絶対、国際社会では生きていけないと、ぼくは思ってるんですけれどもね。

　そのへんをちゃんと……、今まで言語化しなかったわけですから。それを、適切に表現できる、そして、たとえば有耶無耶のほうが経済的に非常に効率がよろしいじゃないかとか、そういうことは、今まで言わなかったわけだから、そういうふうなことも言っていくとか、そういうことを日本人は、これからやるべきだと思ってるんですけどね。ぼくは、できるだけ、そういうことを、外国人に対しては言葉で言っていく……、今までは言葉で言わないということで、日本人は終わらせていたわけでしょ。ところが、それは、そこの悪いほうにつけ込んで、悪いことをする人は、今、日本人にはいろいろいますよね。総会屋さんではないけれども、いろいろいるわけですね、有耶無耶の世界に生きて、悪いことをしている人が。それをだんだん排除していくという点では、みんながちゃんと、その程度を認識するとか、それから、なぜ、こういう構造をとってるかということを認識する。だから、違う構造、つまり欧米型のタイプもあるということとか、それを全部、認識する必要がありますよね。そのあとでどう考えるかということになると思うんです。

日本人の、そのような構造というのは、アマテラスからきている神話の中心と関係があると私は思ってます。だから、それがいまだに生きているから、すごいと思うんです。ところがそれが国家神道のところで、あそこで狂ってしまうと思うんです。国家神道は、あれは明治時代に、むしろ明治の元勲たちが、どうも西洋はキリスト教でやってるらしいと、だから、こちらもはっきりした宗教をひとつ持たねばならないというので、つまり、ぼくらが言ってるようなものではなくて、キリスト教に対抗するような形で国家神道というのを考えようとするわけでしょ。

だから、国家神道だから仏教と全然違うとか、ようするに国学を新たにするような、ちゃんとするような形で無理に作ろうとしたんです。システムを作ろうとするわけです。だから、なんか、本来、日本が神話時代から持っていたものと切り離した恰好で、人工的に作った。と、ぼくは思うんですけれども、だから、どうも神道という言葉は誤解されるなと思っているんです。

神話時代の良さも悪さも現在、いろいろなところに出ていますよね。良いことばかりということは、どんなシステムにもないので、良さも悪さも持ってるんです。「神話」は「現在」の背後で動いていますから。

そして、みんなが困ってるのは、そういう中で、日本的神話を生きたらいいのか、アメリカ神話を生きたらいいのか、わからなくなってるんですよね。

そして、アメリカ神話が正しいと急に思い込んで……。アメリカ神話でやろうとしても、もともと日本人ですから、そう簡単にいかないわけでしょ。どっかでわからなくなってくるんです。そのときに心の中を整理して、そして、自分としては、この際はどう生きていこうとか、どうするとか、それこそ、さっきの先生の話ではないけれども、ことですよね。

先程の話に続ければ、有耶無耶解決というのはほんとの解決ではないわけでしょ。つまり、「こと」にあたっての解決なんですね。だから、その「こと」にあたっては、少しずつ解決しなければいけないからね。ところが、その「こと」が解決したときに、すべて解決して「しまった」と思う人があるんです。そうではなくて、ある「こと」は解決したけれども、「もの」はまだまだ残ってるわけですから。常に残ってるわけでしょ。

吉田　本当におっしゃるとおりだと思います。

今回また先生とこのお話し合いをさせていただいて、私の恩師であるデュメジルが「神話をなくした民族は命をなくす」と言っていることがまさにその通りだということをあらためて痛感しました。

河合　神話のない民族など存在しません。しかし神話の誤解や、低級な神話が民族の命を奪いかねないという事実も、われわれはよく知っています。オウム真理教という集団における神話の働きをみるだけでも、それはよくわかります。
だからといって、神話そのものを否定することはできません。今後は個人ということが重視されるので、各個人が自分自身の神話を見出していかないと命がなくなる、とさえ私は思っています。

（一九九八・八・一八　京都ブライトンホテル）

（『東アジアの古代文化』一九九九年冬号）

増補新版解説

中空構造論の由来と可能性

河合俊雄

本書の中核を為すのは二つめの論考で、一九八〇年に『文学』に発表された「『古事記』神話における中空構造」であろう。元の掲載誌の方向性に沿って、『古事記』のテキストを分析することによって、重要な三つ組みの神のうちの一神が神話の中でほとんどふれられず、無為の存在であることを三つの例で示して、日本神話における中空構造を結論づけている。

しかしこの見方に到るまでには著者個人の、そして心理療法家としての歩みがあったし、またさらに中空構造論は本書でも既に見られるように、神話の分析にとどまらずに社会構造の分析などに展開をしていき、またさらなる可能性を秘めていると思われるので、それをここで紹介したい。

河合隼雄は最初、理学部で数学を専攻する。これには、第二次世界大戦に到るまでの軍国主義の非合理さに辟易していたこと、それに代わるものとしての西洋の合理性と科学に対しての強い傾倒があったことが背景にある。そのために河合隼雄は日本神話については強い嫌悪感を抱いていたし、子どものころに「進化論的にいうと、アマテラスはいちばん猿に近かったのとちがうか」と兄の雅雄に尋ねて、兄を青ざめさせたくらいであった。

ところが後に心理学に転じ、ロールシャッハテストを研究するためにカリフォルニア大学に留学した際に、指導教授がたまたまユング派の分析家でもあったことから、その知り合いの分析家に夢分析を受けるようになる。そもそも夢を扱うなど非科学的で非合理だと反発していたくらいであったが、夢分析を受けてみるとそれに意味があることを実感していき、さらに自分の夢において日本神話のモチーフが重要な役割を演じることに気づくようになる。後にチューリッヒに留学してユング派の分析家となる訓練を受け、最終の資格論文で日本神話を扱うようになるのである。その際には、西洋では男性―太陽―天―右、女性―月―大地―左という象徴体系がきれいに二分されているのに対して、日本ではイザナギの左の目から太陽の女神アマテラスが生まれているように、象徴が二分法で分かれるのではなくて、入り交じって均衡が保たれていることに焦点が当てられていた。アマテラスとスサノオの関係を見ても、どちらかが完全に優位に立って他方を抹殺してしまうのではなくて、立ち位置は何度も入れ替わっている。ここにおいて、子どものころや若いころに西洋の合理的な見方に憧れていた著者のあり方は、全く転換してしまっていて、自分の中にも発見したせいか日本のバランスをとる心性を認めて評価しているのである。

この均衡を保つ動きの背後にあるものとして中空構造を指摘することによって、河合隼雄の日本神話論をさらに深化させたのが本書である。アマテラスといういかにも中心となりそうな太陽神が絶対的支配者にならずにスサノオとの間のバランスを保ち続けるのは、ツクヨミという三つめの神が無為であって、それが中空の中心を為すからだと考えたのである。同じように三神の中の一神が神話の中でほぼ言及されずに無為であって、中心が中空と考えられる例を、タカミムスヒ、カミムスヒに対するアメノミナカヌシ、「海彦と山彦」の物語として知られるホデリ、ホヲリに対するホスセリとして挙げている。これは単に三つの例が見つかったというのではなくて、たとえばアメノミナカヌシなどの三神が天地のはじめのときに現れたように、日本神話の体系の中で重要な位置を占める神々において中空構造が認められたのが大切である。

それまで多くの神話学者が日本神話を研究してきたなかで、専門外の河合隼雄がはじめてこの中空構造に気づいて指摘したことは興味深い。あたかも数学者が相似形をあざやかに見いだすかのように、数学者であった河合隼雄は構造を捉える能力が非常に高いように思われる。またもちろんこの論文は『古事記』の文献考証であるけれども、その背後には自分自身の分析体験や臨床体験があることが重要であろう。チューリッヒのユング研究所の最終試験において、Self（自己）の象徴には何があるかと試験官のヨランデ・ヤコービに尋ねられたときの河合隼雄の答えは伝説のようになっている。ユング心理学では、意識の中心としての自我と、こころ全体の中心としてのSelf（自己）を区別し、分析を通じてこのSelfに到達することが目ざされる。Selfを象徴するものとして夢などにはキリスト像、曼陀羅、宝石などが登場してくるとされている。それはまさにはっきりとした中心が何かによって体現される、著者の言う「中心統合型」の人格モデルである。試験でSelfの象徴を尋ねられた河合隼雄の答えは、試験官の期待しているような、西洋のモデルに沿ったものではなかった。なぜか「森羅万象」というのがこころに浮かんで、「everything」と答え、最終試験は大論争となり、河合隼雄は危うく不合格になりそうになったのである。これはまさに、こころの中心というのは中空で、だからこそ何でもその中心に入ることができる、つまり何でもSelfの象徴となりうるということを意味している。中空構造というのは河合隼雄にとって、単に『古事記』を研究してその構造を分析して導き出したものではなくて、自らの体験と実存に基づくものであったのである。

　この中空構造というのは、神話を分析することから提示されているけれども、河合隼雄の体験からここで裏づけたように日本人のこころの構造を反映している。さらには、これは日本の社会構造を示している。本書の三つめの論考である「中空構造日本の危機」には、中空構造がよい面を持つだけではなくて、リーダーシップの欠如や無責任体制に陥りやすいことが指摘されている。「有事の際にはその無能ぶりが一挙に露呈される」というのは、著者没後に起こった東日本大震災、コロナ危機などの有事における政府の対応を見ても繰り返し痛感させられることである。本書に所収されているものでは「家庭教育の現代的意義」において、家庭における中空構造の問題点が指摘されている。中空構造論を社会や政治のコンテキストで生かしていくことは、今後もっとなされてよいかもしれない。

　本書でも少しだけ指摘されているように、イザナギ、イザナミから最初に生まれたヒルコは好ましくない子として、葦舟に乗せられて流されてしまう。アマテラスがオオヒルメノムチとも呼ばれるように、ヒルコはヒルメに対するもの、つまり太陽の女神に対する男性の太陽神と考えられ、それは西洋的な男性原理、中心統合的なものを体現していると解釈できる。様々な対立する要素も排除せずに取り込んでいる中空均衡型の日本神話においても、西洋的な男性原理や中心統合的な考え方は排除せざるをえなかったのかもしれず、それを日本人のこころや社会でどのように位置づけるかが今後の課題と考えられる。それはこのたびの増補新版で新たに所収された「日本神話にみる意思決定」や、著者晩年に出版されたライフワークである『神話と日本人の心』でも強調されているところである。

　中空構造は日本神話の分析から導き出されたものであるが、本書には昔話を扱った論考がいくつも収録されていて、それらには一九八二年に発表されて大佛次郎賞を受賞した河合隼雄の代表作『昔話と日本人の心』に到る直前の様々なアイデアが披露されている。西洋の昔話と比較しつつ、日本の昔話ではこの世とあの世、意識と無意識の境界が不鮮明で、それは自然との一体感をもたらすと同時に、主体性の無さや無責任という問題を生むというのは、中空構造論と通じるところである。また日本の昔話においては結婚のモチーフが少ないということを、異類婚の特徴からも分析している。ユング心理学において重視されている男女の結合が生じずに、異類の女性が立ち去っていくことは、西洋のモデルからすると結合や統合の失敗として否定的に見られがちなのを、ここでは「哀れ」と「恨み」の感情から分析しているが、後の『昔話と日本人の心』では、結合が起こらずに、「何も起こらない」ことが「無が生じた」として肯定的に捉え直される。ここにも中空構造の発想が認められると言えよう。今回の増補新版では、文庫版の解説を書いていただいた神話学の権威である吉田敦彦氏との対談「神話と日本人――神話をなくした民族は命をなくす?」が巻末に入っているのがありがたい。吉田敦彦氏は豊富な神話学の知識から、まるで河合隼雄の論点を補強するような例を挙げてくれている。また泉鏡花の『高野聖』について、『昔話と日本人の心』で河合隼雄が日本人のこころの構造として提唱した老人、美女、醜い童という「水底の三者構造」が見事に当てはまるとしている議論も非常に興味深い。

「水底の三者構造」も、構造を捉える能力が高い河合隼雄の面目躍如という感があるが、中空構造のバリエーションは、河合隼雄による『源氏物語』の解釈である『源氏物語と日本人』にも認められる。すなわち『源氏物語』は光源氏をヒーローとする物語ではなくて、むしろ作者の紫式部の中の様々な女性性を描いているのであって、その相手をしている光源氏は空洞であり、中空なのである。そして中空構造は、単に日本人のこころや社会を示すものではなくて、こころの普遍的な構造を示しているのではという発想を基に、河合隼雄は最晩年に仏教、ことに華厳経と取り組んでいく。『ユング心理学と仏教』など、その一部は実現したけれども、まだ途上で亡くなってしまったので、河合隼雄の中空構造論をこころについての普遍的な理論として発展させていくのは、われわれに残された課題かもしれないのである。

（かわい・としお　臨床心理学者）

初出一覧

神話的知の復権　『中央公論』一九七九年九月号
『古事記』神話における中空構造　『文学』一九八〇年四月号
中空構造日本の危機　『中央公論』一九八一年七月号
昔話の心理学的研究　『日本昔話大成　第一二巻』　一九七九年一二月　角川書店刊
民話と幻想　『国文学』一九七六年一一月号
「うさぎ穴」の意味するもの　『空想の部屋　叢書児童文学第三巻』一九七九年五月　世界思想社刊
日本昔話の心理学的解明　『図書』一九八一年一月号
現代青年の感性　『岩波講座　子どもの発達と教育六』　一九七九年九月　岩波書店刊
象徴としての近親相姦　『現代思想』一九七八年五月号
家庭教育の現代的意義　『理想』一九七九年一月号
偽英雄を生み出した「神話」『朝日ジャーナル』一九七八年一二月一日号
フィリピン人の母性原理　『中央公論』一九七八年七月号

『中空構造日本の深層』
中公叢書　一九八二年一月刊
中公文庫　一九九九年一月刊

編集付記

一、本書は、中公文庫『中空構造日本の深層』（一一刷、二〇一九年四月刊）を底本とし、「日本神話にみる意思決定」（『河合隼雄著作集』第二期第六巻所収）、吉田敦彦との対談「神話と日本人」を増補したものです。

一、本書の資料的価値から、病名等の表記は初刊当時のままとしました。

一、本文中に今日では不適切と思われる表現もありますが、著者が故人であること、刊行当時の時代背景と作品の文化的価値に鑑みて、底本のままとしました。

中公文庫

中空構造《ちゅうくうこうぞう》日本《にほん》の深層《しんそう》
——増補新版《ぞうほしんぱん》

2024年6月25日　初版発行

著　者　河合《かわい》 隼雄《はやお》

発行者　安部 順一

発行所　中央公論新社
〒100-8152　東京都千代田区大手町1-7-1
電話　販売 03-5299-1730　編集 03-5299-1890
URL https://www.chuko.co.jp/

DTP　ハンズ・ミケ
印　刷　三晃印刷
製　本　小泉製本

Published by CHUOKORON-SHINSHA, INC.
Printed in Japan　ISBN978-4-12-207527-6 C1111